叢書人物傳記資料類編

仕宦卷

本社影印室編

2

國家圖書館出版社

第二册目录

歷代壽考名臣錄　不分卷　（清）洪梧等輯……一
序……一
目錄……五
周……二七
漢……三一
後漢……三五
三國……四一
晋……四五
南朝……五一
北朝……五五
唐……五九
五代……八三
宋……八五
遼……一三一
金……一三七
元……一四五
明……一六七
歷代壽考諸臣附錄
漢……一九五
後漢……一九五

三國……一九六
晉……二〇〇
南朝……二〇六
北朝……二一〇
唐……二一四
五代……二一八
宋……二二一
遼……二二九
金……二二九
元……二三二
明……二三四
懷古錄 三卷 （元）謝應芳編……二三七
陳基序……二三七
程敏政序……二三九
謝湛恩序……二四一
謝蘭生跋……二四三
目錄……二四五
卷一
史傳……二四七
卷二
復古始末……二七一
卷三
題詠……二八九
表忠錄 一卷 （清）吳嵩梁輯……三二七

宋江西制幹兼禮兵部架閣僉丞相幕府
軍事吳公事狀……三二七
續宋書文丞相附傳……三三三
文信國公手札……三三五
書後……三三六
題詞……三四一
記……三六七
讚……三六九
跋……三七一
擴廓帖木兒列傳　一卷
（明）趙士喆撰……三七三
周恭節公年譜　一卷　（明）吳達可編
（清）周登瀛增定……三八七
毛文龍孔有德列傳　一卷
（明）趙士喆撰……五〇一
明范文忠公畫像宦蹟圖題詞　一卷
（清）黃彭年撰……五一七

（清）洪梧等輯

歷代壽考名臣錄　不分卷

江氏聚珍板叢書三集本

歷代壽考名臣録

冰竹老人

蘇州文學
山房印行

歷代壽考名臣錄序

兩間菁英正固之氣亘千古而不磨在天在地爲河嶽在人爲仁聖賢人稽古疇皇之世六臣四佐皆享神明之壽至於成周三公在朝三老在學天壽平格紀於君奭之書弼亮四世著於畢公之命元老壯猷方叔載雅眉壽保魯僖公成頌皆承景運之隆奮鷹揚之蹟佐作人之雅化傳翼聖之殊勳是編專載歷代壽考名臣始自周者以史爲斷而古今正人君子名位既崇年壽亦富秦漢而下代不乏人謹依廿二史編次凡周名臣八人其壽九百五十餘歲漢名臣三十五人其壽

二千八百一十餘歲三國名臣十八人共壽七百七十餘歲晉名臣十四人共壽一千五十餘歲南北朝名臣十八人共壽一千四百七十餘歲唐名臣八十八人共壽六千七百四十餘歲五代名臣一人壽七十四歲宋名臣一百九十一人共壽一萬四千七百九十餘歲遼金名臣五十一人共壽三千八百五十九歲元名臣六十八人共壽五千三百三歲明名臣一百一人共壽八千餘歲粗錄里居爵謚是書定例壽自七十以上方得登載官至卿位以下即不編入同人纂輯持法尤嚴謹遵

紫陽綱目書法恭照

史館傳例於漢之張蒼竇融晉之王祥唐之屈突通五代之張全義宋之趙普李昉明之朱升宋訥等雖史稱忠孝皆不編入名臣僅存附錄又得一百三十二人共壽一萬二百九十餘歲自周至明名臣及附錄諸臣共七百十七人共壽五萬六千一百四十餘歲

宮保爵中堂文經武緯忠孝勳名

寵光延世爲一代名臣之冠崧嶽之辰甫開七秩黃髮

調元中外蒙福方擬全緝壽考名臣言行以爲完書川

垂臣範推

公之志與日星河嶽光昭千古云

嘉慶二十有一年孟夏初吉翰林後學知山東沂州府
事洪梧謹序

歷代壽考名臣錄目錄

周

太公望　周公旦　召公奭　畢公高
衛武公　鄭武公　齊桓公　老子

漢

萬石君　馮唐　蘇武　張安世
蔡義　趙充國　段會宗　于定國
貢禹　韋賢　夏侯勝　孫寶
龔遂

後漢

卓茂　魯恭　魯丕　趙熹

郭丹　楊統　楊厚　馮魴

鄭元　第五倫　朱暉　班超

李恂　橋元　楊秉　黃瓊

吳祐　趙岐　皇甫規　孟嘗

包咸　伏恭

三國

許靖　向朗　杜瓊　鄧芝

宗預　張昭　顧雍　呂岱

陸凱　是儀

晉

劉毅　陶侃　郄鑒　郄愔

紀瞻　葛洪　王彪之　陸煜

蔡謨　孔愉　丁潭　孫盛

徐廣　顏含

南朝

傅隆　王元謨　蕭介　何尚之

何允　何承天　傅映　顧協

徐摛

北朝

羅結 張袞 王憲 尉元
高允 游明根 崔光 崔光韶
傅永

唐

李勣 蔣儼 蕭倣 蕭定之
令狐德棻 蘇良嗣 于休烈 劉祥道
劉仁軌 婁師德 蘇烈 薛仁貴
薛訥 薛平 員半千 薛登
張文瓘 崔從 狄仁傑 郝處俊
朱敬則 陸象先 韋見素 韓思復

白居易　張柬之　姚崇　宋璟
蘇瓌　韓臯　蘇珦　尹思貞
齊澣　裴諝　李尚隱　解琬
李勉　蔣乂　郭子儀　苗晉卿
裴遵慶　柳渾　徐申　史憲忠
王紹本　李揆　董晉　袁滋
馬燧　蕭昕　吳湊　陸亘
呂元膺　許孟容　孔戣　柳公權
楊於陵　歸崇敬　崔倫　薛戎
殷侑　鄭餘慶　高郢　鄭絪

賈耽　杜佑　令狐楚　王起

杜黃裳　趙昌　張萬福　裴度

錢徽　馮宿　高元裕　李景讓

李固言　盧鈞　裴休　陽城

孔述睿　田仁會　羅讓　盧宏宣

張後永　褚無量　元澹　于邵

五代

安元信

宋

王克臣　曹粲　劉几　劉蒙叟

呂居簡 張齊賢 郭贄 辛仲甫
王詔 王德用 向敏中 陳堯佐
馮行已 趙君錫 高瓊 高繼勲
李若谷 夏侯嶠 張詠 梁顥
杜鎬 司馬丹 李及 燕度
劉夔 郎簡 陳安石 范正辭
晁迥 張雍 李廸 李東之
李肅之 李及之 杜衍 呂公儒
張士遜 韓忠彥 王罕 王琪
富弼 文彥博 范純粹 韓維

包拯　趙抃　張方平　王拱辰

張昇　趙槩　胡宿　劉奉世

彭思永　張存　豐稷　劉述

王獵　高化　劉渙　任顓

張景憲　孫瑜　杜常　王宗望

王吉甫　馬從先　程師孟　張問

韓贄　楚建中　盧革　滕元發

李兌　李先　沈立　張掞

張燾　蔣宮　朱景　盧士宏

單煦　楊仲元　余良肱　呂公著

范鎮　蘇轍　呂大防　蘇頌
王存　孫固　趙瞻　李周
顧臨　李之純　馮默　劉安世
陳次升　呂陶　陳軒　孫諤
章衡　龔鼎臣　鄭穆　徐勣
竇舜卿　宋守約　張守約　种誠
劉仲武　劉閔　張蘊　上官均
宗澤　李光　趙密　洪邁
陳規　劉一止　韓肖胄　李植
韓公裔　蕭振　晏敦復　張闡

洪擬　張燾　黃中　曾幾
曾開　陳俊卿　辛次膺　周葵
蕭燧　王大寶　金安節　李彥穎
黃洽　吳芾　周執羔　李燾
尤袤　謝諤　顏師魯　袁樞
李椿　張綱　張大經　劉章
周必大　留正　林大中　樓鑰
李大性　陸游　史浩　劉甲
何異　李孟傳　畢再遇　章穎
劉穎　崔與之　呂午　婁機

傅伯成　袁韶　喬行簡　趙葵
許應龍　陳韡　包恢　李韶
楊大異　趙逢龍　高賦　程頤
尹焞　楊時　朱熹　耶昺
孫奭　邵伯温　程大昌　楊萬里
葉適　范冲　湯漢　李心傳
葛勝仲　鄭興裔

遼

耶律實訥齊　耶律塔拉　窒昉
張儉　耶律隆運　達魯隆運　耶律達魯

耶律唐古　耶律古雲　蕭惠　耶律都沁

蕭德　耶律阿蘇　哈里　蕭烏納

耶律唐古　蕭罕嘉努　耶律古雲　大公鼎

金

固納　古雲　雪默阿里　托克索

烏雅富埒琿　珠勒根穆都哩

瓜爾佳沃哩布　布薩歡塔　高松

獨吉義　守道　石琚　伊喇子敬

龐廸　瓜爾佳清臣　程輝

董師中　李晏　李愈　許安仁

沃呼忠　張大節　張亨　韓錫

劉仲洙　王脩　賈益謙　高汝礪

許古　趙秉文　馮璧　王若虛

元

徹伯爾和卓　鎮海怯烈台氏

吾也而珊竹氏　速不台　烏蘭哈達

布敦　齊諾約勒伯里巴約特氏

納琳　董文用　趙瑨　邸順

邸浹　岳天禎　石天麟　楊奐

鄭溫　史天澤　姚樞　許衡

寶默　商挺　趙良弼　王磐
王思廉　李謙　閻復　劉國傑
史弼　張德輝　馬亨　楊恭懿
郭守敬　尙野　石高山　陳天祥
何榮祖　姚天福　許國禎　尙文
雷膺　王利用　暢師文　高源
吳澄　鄧文原　姚燧　郭貫
劉賡　耶律有尙　張孔孫　敬儼
曹伯啓　張思明　張昇　陳顥
梁曾　劉敏中　王約　耶律希亮

趙世延　虞集　黃溍　歐陽元
許有壬　于文博　張翥　舒蘇
卜天章

明
湯和　宋濂　朱善　黃淮
胡儼　楊士奇　楊榮　楊溥
蹇義　劉辰　嚴本　儀智
王英　周忱　黃福　胡拱辰
潘榮　夏時正　黃宗載　吳訥
魏驥　李裕　李時勉　陳敬宗

謝鐸	林瀚	高穀	胡濙
王直	王越	羅亨信	孫原貞
商輅	王翺	王竑	項忠
秦紘	章懋	徐溥	邱濬
劉健	謝遷	李東陽	王鏊
劉忠	王恕	馬文升	劉大夏
何喬新	周經	閔珪	楊守阯
周洪謨	吳寬	曾鑑	韓文
楊守隨	許進	雍泰	陳壽
樊瑩	何鑑	楊廷和	毛紀

朱希周 楊慎 嚴訥 李春芳
陳以勤 孫交 林俊 秦金
梁材 劉麟 蔣瑤 蔡天祐
郭宗皐 陶炎 潘塤 趙錦
周尚文 徐階 陸樹聲 翁正春
沈鯉 萬士和 曾同亨 袁洪愈
丁賓 朱衡 潘季馴 孫丕揚
蔣國珍 海瑞 李化龍 孟一脉
周嘉謨 朱爕元 薛瑄 羅欽順
湛若水

附錄

漢

張蒼 竇融 蘇竟 郭伋

楊彪

三國

鍾繇 程昱 常林 趙儼

韓暨 高柔 田豫 徐邈

晉

王祥 王覽 鄭沖 何曾

陳騫 安平獻王司馬孚 荀顗

魏舒　劉寔　王渾　王濬
山濤　石鑒　魯芝　羅含

南朝

蕭允　王崑　王裕之　袁昂
袁憲　徐廣　周宏正　周盤龍
韋叡　傅昭　徐陵　徐孝克
孫謙　顧越

北朝

于謹　刁雍　寇儁　鄭述祖
程駿　斛律金　趙隱　竇熾

閻慶 韋叔裕 樊子蓋 沈重

樂遜 公孫景茂 柳儉

唐

屈突通 尉遲敬德 李靖 高儉

房玄齡 蕭瑀 虞世南 李百藥

褚亮 于志甯 趙宏智 劉德威

五代

張全義 崔沂 楊彥詢 李承約

李周 盧遵 鄭韜光 馮道

段希堯 邊蔚 錢鏐

宋

藥元福　向拱　王彥超　張永德
趙普　劉廷翰　李瓊　郭瓊
李萬超　陳思讓　焦繼勳　王易簡
張鑄　邊光範　程羽　張昭
薛居正　沈倫　宋琪　李昉
顏衎　劇可久　王明　魏丕
解暉　趙惟進　侯贇　范廷召
楊徽之　喬維岳　朱昂

遼

韓延光

金

李師夔　左泌　張中彥　耶律懷義

張元素　任熊祥　范拱　傅慎微

元

張柔　王玉　趙迪

舒穆嚕拜達勒　王鶚　李冶

李昶　劉肅　楊果

明

朱升　宋訥　單安仁

歷代壽考名臣錄

周

太公望呂尚東海上人以漁釣干文王立以爲師武王已平商封師尚父於齊爲大國都營邱年百有餘歲

周公旦武王弟封曲阜爲魯公公不就封留相武王成王朝爲三公攝政七年按王統論衡周公復政歸老已入百歲矣

召公奭周之支族始食邑於召佐武王有天下封於北燕成王康王朝並爲三公主陝以西按路史召公年百八十歲

畢公高與周同姓武王卽位與召公左右王師既勝商封於畢於是爲畢姓成康朝爲三公復命分居里成

周郊 按編年考畢公年百餘歲

衛武公和康叔九世孫周東遷時將兵往平戎平王命以爲公 按國語衛武公年九十五歲猶儆戒於國

鄭武公掘突桓公子平王時爲周司徒 按晉書劉毅傳昔鄭武公年八十八歲爲周司徒

齊桓公小白太公十一世孫立七年合諸侯於甄始霸三十五年會葵邱周襄王使宰孔賜桓公文武胙彤弓矢大路 按春秋左氏傳宰孔曰且有後命以伯舅耋老加勞賜一級無下拜注七十日耋

老子李耳字伯陽楚苦縣人景王朝爲守藏史至周顯王時有太史儋或云即老子 按路史老子治心理性究悉盡孝年二百二十

餘歲

以上史記世家

歷代壽考名臣錄

漢

萬石君石奮其父趙人徙溫高祖時奮爲中涓文帝時官大中大夫選爲太子太傅孝景季年以上大夫祿歸老於家按漢書本傳高祖東擊項籍過河內時奮年十五歲是高祖王漢中之二年也至武帝元光末年奮尚無恙距漢二年已七十六年年九十餘歲

馮唐祖父趙人漢興徙安陵唐以孝著爲郎中署長事文帝拜車騎都尉主中尉及郡國車士景帝以唐爲楚相武帝求賢良舉唐時年九十餘歲

蘇武字子卿杜陵人孝武朝以父任爲郎尋以中郎將

持節使匈奴昭帝朝還爲典屬國復以與計立宣帝
功賜爵關內侯年八十餘歲

張安世字子孺武帝初以父任爲郎擢尙書令昭帝時
爲右將軍光祿勳封富平侯宣帝卽位拜大司馬車
騎將軍領尙書事年七十餘歲謚曰敬侯

蔡義河內溫人武帝時以明經給事大將軍幕府擢光
祿大夫給事中進授昭帝數歲爲丞相封陽平侯年
八十餘歲

趙充國字翁孫隴西上邽人徙金城令居始以良家子
補羽林郎武帝時擢爲後將軍定策尊立宣帝封營

平侯年八十六歲謚曰壯侯
段會宗字子松天水上邽人竟寧中爲杜陵令五府舉
爲西域都護騎都尉光祿大夫還爲沛郡雁門太守
陽朔中復爲都護賜爵關内侯年七十五歲
于定國字曼倩東海郯人初爲獄吏補廷尉史宣帝朝
超遷光祿大夫爲廷尉復遷御史大夫爲丞相封西
平侯年七十餘歲謚曰安侯
貢禹字少翁瑯邪人初以明經徵爲博士元帝朝爲諫
大夫復遷長信少府御史大夫年八十一歲
韋賢字長儒魯國鄒人徵爲博士給事中進授昭帝時

官大鴻臚宣帝初賜爵關內侯徙長信少府本始三
年爲丞相封扶陽侯年八十二歲謚曰節侯
夏侯勝字長公東平人徵爲博士光祿大夫宣帝初賜
爵關內侯遷長信少府太子太傅年九十歲
孫寶字子嚴潁川鄢陵人爲議郎遷諫議大夫鴻嘉中
爲益州刺史哀帝卽位遷司隸年七十歲
龔遂字少卿山陽南平陽人以明經爲昌邑郎中令宣
帝朝用薦爲渤海太守復拜爲水衡都尉年近八十
歲
以上漢書列傳

歷代壽考名臣錄

後漢

卓茂字子康南陽宛人初辟丞相府史事爲密令建武初進位太傅封褒德侯年七十餘歲

魯恭字仲康扶風平陵人建初初爲郡吏永安中拜侍中遷光祿勳進爲司徒年八十一歲

魯丕字叔陵恭之弟建初元年舉賢良方正高第除議郎永元間爲東郡陳留兩郡太守永初二年遷侍中左中郎將年七十五歲

趙熹字伯陽南陽宛人光武初被徵待詔公車累遷平

原太守拜太尉賜爵關內侯永平元年封節鄉侯年
八十四歲謚曰正侯

郭丹字少卿南陽穰人建武十三年大司馬吳漢辟舉
高第再遷并州牧永平三年爲司徒年八十七歲

楊統廣漢新都人建初中爲彭城令遷侍中光祿大夫
爲國三老年九十歲

楊厚字仲桓統之子永建中拜議郎三遷爲侍中年八
十二歲

馮魴字孝孫南陽湖陽人建武三年徵拜虞令遷魏郡
太守中元元年爲司空賜爵關內侯更封揚邑鄉侯

年八十六歲

鄭元字康成北海高密人少爲鄉嗇夫建安中徵爲大司農年七十四歲

第五倫字伯魚京兆長陵人建武中舉孝廉爲扶夷長拜會稽太守肅宗朝爲司空年八十餘歲

朱暉字文季南陽宛人世祖初爲郎再遷臨懷太守元和時拜尚書僕射遷尚書令年八十餘歲

班超字仲升扶風平陵人顯宗朝爲蘭臺令史永元三年爲西域都護封定遠侯年七十一歲

李恂字叔英安定臨涇人初辟司徒府拜侍御史肅宗

朝拜西域副校尉遷武威太守年九十六歲

橋元字公祖梁國睢陽人舉孝廉補洛陽左尉再遷上谷漢陽兩郡太守建甯三年遷司空轉司徒光和元年遷太尉年七十五歲

楊秉字叔節應司空辟拜侍御史頻出爲豫荊徐兗四州刺史延熹中累遷至太尉年七十四歲

黃瓊字世英江夏安樂人永建中徵拜議郎稍遷尚書僕射熹元二年拜太尉封邟鄉侯年七十九歲贈車騎將軍謚曰忠侯

吳祐字季英陳留長垣人舉孝廉以光祿四行歷膠東

齊河間相年九十八歲

趙岐字邠卿京兆長陵人永興二年辟司空掾爲皮氏長歷荆州刺史敦煌太守興平中拜爲太常年九十餘歲

皇甫規字威明安定朝那人舉賢良方正除郎中持節監關西軍再爲度遼將軍熹平初遷宏農太守年七十一歲

孟嘗字伯周會稽上虞人仕郡爲戶曹史順帝時拜徐令遷合浦太守年七十歲

包咸字子良會稽曲阿人世祖初舉孝廉除郎中建武

中拜諫議大夫傳中右中郎將永平五年遷大鴻臚
年七十一歲
伏恭字叔齊瑯琊東武人建武中除劇令遷常山太守
永元中爲太僕進拜司空年九十歲
以上後漢書列傳

歷代壽考名臣錄

三國

許靖字文休汝南平輿人靈帝朝郡舉計吏察孝廉除尚書郎後依劉璋於蜀爲巴郡廣漢太守先主入蜀以靖爲左將軍長史進太傅及即尊號策爲司徒年七十餘歲

向朗字巨達襄陽宜城人荊州牧劉表以爲臨沮長嗣歸先主蜀既平以爲巴西牂牁房陵諸郡太守後主踐阼爲步兵校尉累遷左將軍封顯明亭侯位特進年八十餘歲

杜瓊字伯瑜蜀郡成都人劉璋時辟爲從事先主定益州以瓊爲議曹從事後主踐阼拜諫議大夫遷左中郎將大鴻臚太常年八十餘歲

鄧芝字伯苗義陽新野人漢末入蜀先主定益州用爲郫令遷廣漢太守入爲尚書後主時累遷至車騎將軍封陽武亭侯年七十餘歲

宗預字德艷南陽安衆人建安中入蜀建興初丞相亮以爲主簿叅軍右中郎將延熙十年爲屯騎校尉累遷至鎭軍大將軍領兗州刺史賜爵關內侯年七十餘歲

以上蜀志傳

張昭字子布彭城人孫策創業命爲長史撫軍中郎將孫權嗣立更拜輔吳將軍班亞三司封婁侯年八十一歲諡曰文侯

顧雍字元歎吳郡吳人州郡表薦爲合肥長孫權領會稽太守不之郡以雍爲丞行太守事權爲吳王累遷至太常封醴陵侯爲丞相平尚書事年七十六歲諡曰肅侯

呂岱字定公廣陵海陵人孫權統事召署錄事累遷盧陵太守延康中拜交州刺史封番禺侯孫亮卽位拜

大司馬年九十六歲

陸凱字敬風吳郡吳人黃武初爲永興諸暨長累遷盪魏將軍孫休即位拜征北將軍假節領豫州牧孫皓立遷鎮西大將軍領荆州牧進封嘉興侯寶鼎元年遷左丞相年七十二歲

是儀字子羽北海營陵人依劉繇避亂江東孫權優文徵儀拜騎都尉遷偏將軍省尚書事封都鄉侯復拜尚書僕射年八十一歲

以上吳志傳

歷代壽考名臣錄

晉

劉毅字仲雄東萊掖人文帝辟爲相國掾武帝受禪爲尚書郞咸寧中轉司隸校尉進尚書左僕射年七十歲告老贈儀同三司

陶侃字士行本鄱陽人徙廬江之尋陽初爲督郵累遷龍驤將軍武昌太守成帝時進使持節侍中太尉都督荆江雍梁交廣益寧八州諸軍事荆江二州刺史封長沙郡公年七十六歲追贈大司馬謚曰桓

郗鑒字道徽高平金鄉人惠帝時叅司空軍事累遷中

書侍郎明帝即位拜安西將軍兗州刺史都督揚州
江西諸軍假節鎭合肥封高平侯咸和中爲揚州八
郡都督拜司空加侍中更封南昌縣公年七十一歲
贈太宰謚曰文成
郗愔字方回鑒之子襲爵南昌公徵拜中書侍郎簡文
帝時加鎭軍都督浙江東五郡軍事年七十二歲追
贈侍中謚曰文穆
紀瞻字思遠丹陽秣陵人元帝爲安東將軍瞻引爲軍
咨祭酒加揚威將軍都督京口蕪湖諸軍事封臨湘
縣侯元帝踐阼拜侍中轉尚書年七十二歲贈開府

儀同三司謚曰穆

葛洪字稚川丹陽句容人初爲將兵都尉遷伏波將軍賜爵關內侯年八十一歲

王彪之字叔武瑯琊臨沂人初除佐著作郎累遷侍中廷尉簡文朝爲鎮軍將軍會稽內史遷尚書令年七十三歲贈光祿大夫謚曰簡

陸煜字士光吳郡吳人元帝初鎮江左辟爲祭酒太興中累遷散騎常侍封平望亭侯成帝踐阼拜左光祿大夫開府儀同三司進爵爲公年七十四歲追贈侍中車騎大將軍謚曰穆

蔡謨字道明陳留考城人元帝時辟丞相掾歷義興太守五兵尙書康帝即位拜左光祿大夫開府儀同三司領司徒年七十六歲詔贈侍中司空謚曰文穆

孔愉字敬康會稽山陰人元帝建興初應召爲丞相掾除駙馬都尉以功封餘不亭侯咸和中加金紫光祿大夫出爲鎮軍將軍會稽內史年七十五歲贈車騎將軍開府儀同三司謚曰貞

丁潭字世康會稽山陰人察孝廉除郎中元帝承制稍遷丞相西閤祭酒及踐阼拜駙馬都尉成帝時以功賜爵永安伯遷大尙書左光祿大夫年八十歲贈侍

中謚曰簡

孫盛字安國太原中都人起家佐著作郎陶侃請爲參軍遷廷尉正以功封吳昌縣侯加給事中年七十二歲

徐廣字野民東莞姑幕人孝武時除秘書郎義熙中累遷驍騎將軍大司農年七十四歲

顏含字宏都瑯琊莘人元帝過江以爲上虞令歷散騎常侍大司農以功封西平縣侯遷光祿勳成帝時加右光祿大夫年九十三歲謚曰靖

以上晉書列傳

歷代壽考名臣錄

南朝

傅隆字伯祚北地靈州人宋文帝時爲御史中丞進太常拜光祿大夫年八十三歲

王元謨字彥德太原祁人宋文帝時補長沙王義欣鎮軍中兵參軍領汝陰太守明帝時爲左光祿大夫開府儀同三司領護軍將軍遷南豫州刺史加都督年八十二歲謚曰莊

蕭介字鏡茂南蘭陵人梁大同中爲武陵王府長史出爲始興太守進侍中光祿大夫年七十三歲

何尙之字彥德廬江灊人宋武帝領征西將軍補主簿少帝卽位拜左衛將軍領太子中庶子孝武時進左光祿開府儀同三司年七十九歲贈司空諡曰簡穆

何允字子季尙之之子仕齊爲建安太守歷侍中鬱林嗣位爲中書令領臨海巴陵王師年八十六歲

何承天東海郯人宋武起義初撫軍將軍劉毅板爲行參軍宋臺建爲尙書祠部郎文帝元嘉中爲御史中丞遷廷尉年七十八歲

傅映字徽遠北地靈州人梁天監中爲烏程令位至太中大夫年七十餘歲

顧協字正禮吳郡吳人梁武帝初爲太學博士大通中守鴻臚卿員外散騎常侍按蘇州府志協年七十三歲

徐摛字士秀東海郯人梁武帝朝爲晉安王侍讀歷太子左衛率簡文嗣位進授左衛將軍年七十八歲贈侍中太子詹事謚貞子

以上南史列傳

歷代壽考名臣錄

北朝

羅結代人從道武幸賀蘭部賜爵屈虵侯太武初累遷侍中外都大官總三十六曹事除長秋卿年一百二十歲謚曰貞子

張袞字洪龍上谷沮陽人道武時選爲左長史遷給事黄門侍郎拜幽州刺史賜爵臨渭侯年七十餘歲贈太保謚文康

王憲字顯則北海劇人道武以爲本州中正領選曹事太武即位遷廷尉卿出爲并州刺史賜爵北海公年

八十九歲謚曰康
尉元字苟仁代人初爲羽林中郎天安中爲持節都督
東道諸軍事累封山陽郡公爲國三老年八十餘歲
謚景桓
高允字伯恭勃海蓨人魏太武舅陽平王杜超鎮鄴始
以允爲從事中郎後歷事五帝出入三省位至鎮軍
大將軍封咸陽公年九十八歲贈侍中司空公冀州
刺史謚曰文
游明根字志遠廣平任人魏太武擢爲中書學生孝文
時歷儀曹尙書大鴻臚卿封新泰伯爲國五更年七

十餘歲贈光祿大夫金章紫綬謚靖侯
崔光清河人魏文帝太和中拜中書博士著作郎以至
司徒國子祭酒年七十三歲贈太傅領尚書令驃騎
大將軍開府冀州刺史謚文宣
崔光韶清河東武城人魏孝文時爲秘書郎掌校華林
御書累遷鎮國將軍再遷廷尉年七十一歲贈散騎
常侍驃騎將軍青州刺史
傳永字修期清河人魏孝文時除中書博士累遷南兗
州刺史拜光祿大夫年八十餘歲贈齊州刺史
以上北史列傳

以十七史列傳

州刺史以光祿大夫年八十一諡贈汝州刺史

傳派字仲則清河人號李文博陽市畫學士段遷南充

常侍闕諫議大夫言州刺史

尚書兵部員外郎再遷右丞年七十一歲贈禮部

擢光祿卿河東道成人遷中文侍爲祕書監掌校華林

大將軍開府黃州刺史諡文宣

司徒國子祭酒年七十三歲贈太傅領白青合靈瑞

從沈清河人號安吉太和中拜中書博士兼作郎以行

士欽職贈光祿大夫金章紫綬諡靖侯

歷代壽考名臣錄

唐

李勣字懋功曹州離狐人隨李密投唐授黎陽總管封英國公年八十六歲贈太尉揚州大都督謚貞武

蔣儼常州義興人擢明經第爲右屯衛兵曹參軍高宗朝爲右衛大將軍封義興縣子年七十八歲贈禮部尚書

蕭倣字思道後梁明帝曾孫太和中擢進士第除給事中官至同中書門下平章事年八十歲

蕭定之字梅臣後梁明帝四世孫以蔭起家陝州參軍

事金城丞大歷中爲戶部侍郎年七十七歲贈太子太師

令狐德棻宜州華原人高祖入關引直大丞相府記室高宗朝爲國子祭酒崇賢館學士爵爲公年八十四歲謚曰獻

蘇良嗣京兆武功人高宗時爲周王府司馬再拱中拜納言封溫國公爲文昌左相年七十五歲贈開府儀同三司益州都督

于休烈京兆高陵人開元初第進士擢制科歷秘書省正字累進工部尚書封東海郡公年八十一歲贈尚

書左僕射謚曰元

劉祥道字同壽魏州觀城人少襲父爵爲御史中丞麟德元年拜右相進爵廣平郡公年七十一歲贈幽州都督謚曰宣

劉仁軌字正則汴州尉氏人武德初補息州參軍官至文昌左相同鳳閣鸞臺三品年八十五歲贈并州大都督謚曰文獻

婁師德字宗仁鄭州原武人第進士高宗朝爲殿中侍御史官至鳳閣侍郎同鳳閣鸞臺平章事封譙縣子年七十歲贈幽州都督謚曰貞

蘇烈字定方以字行冀州武邑人徙始平貞觀中爲匡
道府折衝官至遼東道大總管涼州安集大使年七
十六歲贈左驍衞大將軍幽州都督諡曰莊

薛仁貴絳州龍門人太宗朝爲遊擊將軍累進衞大將
軍封平陽郡公年七十歲贈左驍衞大將軍幽州都
督

薛訥字慎言仁貴子起家城門郎遷藍田令開元中官
至左羽林大將軍復封平陽郡公年七十二歲贈太
常卿諡曰昭

薛平字坦途訥之子初爲磁州刺史寶歷中官至司徒

封韓公年八十歲贈太傅
員半千字榮期齊州全節人對詔高第詔入閣供奉睿
宗朝官至太子諭德累封平原郡公年九十四歲
薛登常州義興人初爲閬中主簿天授中累遷左補闕
復爲東都留守太子賓客年七十三歲贈晉州刺史
張文瓘字稚圭貝州武城人貞觀初第明經補并州刺
史官至侍中兼太子賓客年七十三歲贈幽州都督
謚曰懿
崔從字子乂齊州全節人擢進士第爲推官寳歷中官
至尙書左僕射年七十二歲贈司空謚曰貞

狄仁傑字懷英并州太原人高宗朝舉明經爲卞州叅
軍官至鸞臺侍郎同平章事年七十一歲贈文昌右
相諡曰文惠
郝處俊安州安陸人貞觀中策進士解褐著作佐郎官
至中書令太子少保年七十五歲贈荆州大都督
朱敬則字少連亳州永城人高宗朝召授洹水尉官至
同平章事年七十五歲諡曰元
陸象先蘇州吳人舉制科高第爲揚州叅軍元宗朝官
至戶部尚書太子少保年七十二歲贈尚書左丞相
諡曰文貞

韋見素字會微京兆萬年人及進士第授相王府參軍肅宗朝官至尚書右僕射年七十六歲贈司徒謚忠貞

韓思復字紹出京兆長安人舉秀才高第永淳中調梁府倉曹參軍官至吏部侍郎進爵伯年七十四歲謚曰文

白居易字樂天其先太原人徙下邽貞元中擢進士第補校書郎累進太子少傅封馮翊縣侯會昌初以刑部尚書致仕年七十五歲贈尚書右僕射謚曰文

張柬之字孟將襄州襄陽人永昌元年以賢良召授監

察御史官至天官尚書同平章事爵漢陽郡王年八十二歲贈中書令謚曰文

姚崇字元之陝州硤石人初授濮州司倉參軍開元中官至兵部尚書同中書門下三品封梁國公年七十二歲贈太子太保謚文獻

宋璟邢州南和人舉進士中第調上黨尉開元中官至尚書右丞相年七十五歲贈太尉謚文貞

蘇瓌字昌雍州武功人舉孝悌擢豫王府錄事參軍睿宗朝官至左僕射太子少傅年七十二歲贈司空荊州大都督謚曰文貞

韓皐字仲聞京兆長安人策賢良方正異等拜右拾遺
貞元中官至吏部尚書進左僕射年七十九歲贈太
子太保謚曰貞
蘇珦雍州藍田人中明經第調鄠尉中宗朝官至戶部
尚書封河內郡公年八十一歲贈兗州都督謚曰文
尹思貞京兆長安人以明經第調隆州參軍睿宗朝累
遷工部尚書年七十七歲贈黃門監謚曰簡
齊澣字洗心定州義豐人聖歷初及進士第以拔萃調
蒲州司法參軍官至吏部侍郎年七十二歲贈禮部
尚書

裴諝字士明絳州聞喜也擢明經調河南參軍事肅宗朝官至禮部侍郎東都留守年七十五歲贈禮部尚書

李尚隱其先出趙郡徙貫萬舉明經再調下邽主簿開元中官至戸部尚書爵高邑伯年七十五歲謚曰貞

解琬魏州元城人舉幽素科調新政尉景雲中官至右武衛大將軍封濟南縣男年八十餘歲

李勉字元卿鄭惠王元懿曾孫始爲開封尉肅宗於靈武擢監察御史官至同中書門下平章事年七十二歲贈太傅謚曰貞簡

蔣乂字德源常州義興人徙家河南貞元九年爲右拾遺官至秘書監累封義興縣公年七十五歲贈禮部尙書

郭子儀字子儀華州鄭人元宗時以武舉異等補左衛長史官至太尉中書令封汾陽王年八十五歲贈太師謚忠武

苗晉卿字元輔潞州壺關人元宗朝擢進士第調爲修武尉官至左丞相封韓國公年八十一歲贈太師謚曰懿獻

裴遵慶字少良絳州聞喜人始以仕家推蔭爲興甯陵

丞代宗朝官至尚書僕射年九十餘歲

柳渾字夷曠一字維深襄州人天寶初擢進士調單父尉官至同中書門下平章事封宜城縣伯年七十五歲謚曰貞

徐申字維降京兆人擢進士累遷洪州長史官至合州刺史加撿校禮部尚書封東海郡公年七十歲贈太子少保謚曰平

史憲忠字元貞少爲魏牙門將官至尚書左僕射兼金吾大將軍年七十一歲贈司空

王紹本字德素京兆萬年人初爲武康尉德宗朝官至

兵部尚書判戶部年七十二歲贈右僕射謚曰敬

李揆字端卿隴西人擢進士第補陳留尉肅宗朝官至同中書門下平章事封姑臧縣伯年七十四歲贈司空謚曰恭

董晉字混成河中虞鄉人擢明經肅宗朝拜秘書省校書郎官至門下侍郎同平章事年七十六歲贈太傅謚曰恭

袁滋字德深蔡州朗山人建中初起處士授校書郎官至中書侍郎同平章事封淮陽郡公年七十歲贈太子少保

馬燧字洵美汝州郟城人肅宗朝爲左衛兵曹參軍官
至侍中封北平王年七十歲贈太傅謚曰莊武
蕭昕字中明梁鄱陽王恢七世孫居河南再中博學宏
辭科調壽安尉德宗朝官至禮部尚書年九十三歲
贈揚州大都督謚曰懿
吳湊濮州濮陽人肅宗章敬皇后弟以布衣賜官封貞
元中歷兵部尚書年七十一歲贈尚書僕射謚曰成
陸亘字景山蘇州吳人元和三年策制科中第補尉年
丞官至浙東觀察使年七十一歲贈禮部尚書
呂元膺字景夫鄆州東平人策賢良高第調安邑尉德

宗朝官至吏部尙書年七十二歲贈吏部尙書

許孟容字公範京兆長安人擢進士異等調校書郎憲宗朝官至尙書左丞東都留守年七十六歲贈太子少保謚曰憲

孔戣字君嚴擢進士第爲節度判官穆宗朝官至禮部尙書年七十三歲謚曰貞

柳公權字誠懸京兆華原人元和初擢進士第拜右拾遺官至太子詹事累封河東郡公年八十八歲贈太子太師

楊於陵字達夫其先宏農人徙江左擢進士調句容主

傳穆宗朝官至戶部尚書封宏農郡公年七十八歲
贈司空謚曰貞孝

歸崇敬字正禮蘇州吳人天寶中舉博通墳典科對策
第一授左拾遺官至工部尚書年八十八歲贈尚書
僕射謚曰宣

崔倫字叙深州安平人及進士第歷吏部員外郎肅宗
朝遷尚書左丞太子賓客年七十一歲贈工部尚書
謚曰敬

韓戎字元夫河中寶鼎人藩府奏薦爲河南令累遷浙
東觀察使年七十五歲贈左散騎常侍

殷侑陳州人貞元末及五經第擢太常博士官至撿校尙書右僕射御史大夫年七十二歲贈司空

鄭餘慶字居業鄭州滎陽人擢進士第貞元中爲庫部郎中官至鳳翔節度使封滎陽郡公年七十五歲贈太保謚曰貞

高郢字公楚衞州人擢進士第爲咸陽尉貞元中官至侍郎同平章事年七十二歲贈太子太保謚曰貞

鄭絪字文明鄭州滎陽人擢進士宏辭高第爲起居郎憲宗朝官至中書侍郎同平章事年七十八歲贈司空謚曰宣

賈耽字敦詩滄州南皮人天寶中舉明經補臨清尉貞
元中官至尚書右僕射同平章事年七十六歲贈太
傅諡曰元靖

杜佑字君卿京兆萬年人以蔭補濟南參軍德宗朝官
至檢校司空同平章事年七十八歲贈太傅諡曰安
簡

令狐楚字殼士宜州華原人擢進士第名除右拾遺憲
宗朝官至中書侍郎同平章事年七十一歲贈司空
諡曰文

王起字舉之其先太原人徙揚州釋褐校書郎補藍田

縣尉文宗朝官至兵部尚書同平章事封魏郡公年
八十八歲贈太尉謚曰文懿
杜黃裳字遵素京兆萬年人擢進士第郭子儀辟仕朔
方府入爲侍御史元和中官至檢校司空同平章事
封邠國公年七十歲贈司徒謚曰宣獻
趙昌字洪祚天水人始爲節度府屬德宗朝兩拜安南
都護官至工部尚書年八十五贈揚州大都督謚曰
成
張萬福魏州元城人以別校征遼東有功累攝壽州刺
史代宗朝官至工部尚書年七十歲

裴度字中立河東聞喜人貞元初擢進士第以宏辭補校書郎官至中書侍郎同平章事封晉國公年七十六歲贈太傅謚文忠

錢徽字蔚章河中蒲人中進士第拜左補闕大和中官至吏部尚書年七十五歲贈尚書右僕射

馮宿字拱之婺州東陽人貞元中擢進士第為太常博士官至刑部侍郎年七十歲贈吏部尚書謚曰懿

高元裕字景圭其先蓋渤海人第進士累辟節度府敬宗朝官至吏部尚書封渤海郡公年七十六歲贈尚書右僕射

李景讓字後已并州文水人寶歷初爲右拾遺官至御
史大夫年七十二歲贈太子太保謚曰孝
李固言字仲樞其先趙人擢進士甲科劍南王播表署
幕府大和中官至門下侍郎同中書門下平章事年
七十八歲贈太尉
盧鈞字子和系出范陽徙京兆藍田舉進士中第以拔
萃補秘書正字宣宗朝官至同中書門下平章事年
八十七歲贈太傅謚曰元
裴休字公美孟州濟源人擢進士第諸府辟署入爲監
察御史大中時官至同中書門下平章事封河東縣

予年七十四歲贈太尉

陽城字亢宗定州北平人及進士第召爲著作佐郎德宗朝拜諫議大夫年七十歲贈左散騎常侍

孔述睿越州山陰人大歷中以劉晏奏薦爲太常寺協律郎德宗朝拜諫議大夫兼皇太子侍讀年七十一歲贈工部尚書

田仁會雍州長安人擢制舉仕累左武侯中郎將高宗朝擢右衛將軍年七十八歲謚曰威

羅讓字景宣越州會稽人舉賢良方正高第爲咸陽尉官至江西觀察使年七十一歲贈禮部尚書

盧宏宣字子章元和中擢進士第辟署幕府開成中爲
工部尚書年七十七歲贈尚書右僕射
張後氶字嗣宗高祖鎮太原引爲客以經授秦王太宗
朝爲國子祭酒年八十三歲贈禮部尚書謚曰康
褚無量字宏度杭州鹽官人擢明經第累除國子博士
元宗朝遷左散騎常侍兼國子祭酒封舒國公年七
十五歲贈禮部尚書謚曰文
元澹字行沖以字顯後魏常山王素蓮之後及進士第
累遷通事舍人開元中爲關內按察使東都副留守
年七十七歲贈禮部尚書謚曰獻

于邵字相門京兆萬年人天寶末第進士補崇文校書郎官至禮部侍郎年八十一歲

以上唐書列傳

歷代壽考名臣錄

五代

安元信字子言代北人以騎射事後唐武皇爲鐵林軍使明宗朝官至歸德軍節度使年七十四歲贈太師謚忠懿

右五代史列傳

右五代史列傳

諡忠懿

仕明宗朝官至樞密董節度使合十四鎮檢太師

安元信字子言代北人以騎射事後武皇隸羽林將

五代

歷代藩帥名臣錄

歷代壽考名臣錄

宋

王克臣字子難洛陽人第景祐進士通判許州官至龍圖閣直學士年七十六歲

曹粲字韜光眞定靈壽人以蔭補供奉官天禧中官至河陽節度使同平章事年七十歲贈中書令謚武懿

劉几字伯壽以父任爲將作監主簿英宗朝官至太原涇原路總管年八十一歲

劉蒙叟字道民宋州甯陵人乾德中進士甲科歷岳宿二州推官眞宗朝以太常少卿致仕年七十二歲

呂居簡河南人慶歷中提點京東刑獄累進兵部侍郎年七十三歲

張齊賢曹州冤句人太宗朝擢進士第以大理評事通判衡州淳化中官至吏部侍郎同中書門下平章事年七十二歲贈司徒謚文定

郭贄字仲儀開封襄邑人乾德中舉進士中首薦爲著作佐郎眞宗朝官禮部尙書年七十六歲贈左僕射謚文懿

辛仲甫字之翰汾州孝義人初爲平盧軍節度判官太宗朝官至工部尙書參知政事年七十四歲贈太子

太保

王詔字景獻鎮定人以蔭補官通判廣信軍事官至刑部尚書年七十九歲

王德用字元輔趙州人初爲懷州防禦都指揮使仁宗朝官至樞密使封魯國公年七十九歲贈太尉中書令謚武恭

向敏中字常之開封人太平興國五年進士解褐將作監丞通判吉州眞宗朝官至右僕射兼門下侍郎年七十二歲贈太尉中書令謚文簡

陳堯佐字希元閬州閬中人及進士第歷魏縣中牟尉

眞宗朝官至同中書門下平章事年八十二歲贈司
空兼侍中謚文惠
馮行己字肅之河陽人以父任爲右侍禁涇原路駐泊
都監元祐中官至金州觀察使年八十四歲
趙君錫字無愧河南洛陽人登進士第哲宗朝官至刑
部侍郎年七十二歲贈徽猷閣直學士
高瓊家世燕人徙亳州之蒙城初爲御龍直指揮眞宗
朝官至檢校太尉忠武軍節度使年七十二歲贈侍
中
高繼勳字紹先瓊之子初補右班殿直儀仁宗朝官至

建雄軍節度使知滑州年七十八歲贈太尉

李若谷字子淵徐州豐人舉進士補長社尉仁宗朝官至叅知政事年八十歲贈太子太傅謚康靖

夏侯嶠字峻極其先幽州人徙鉅野太平興國中進士甲科釋褐大理評事眞宗朝官至樞密院副使江南巡撫使年七十二歲贈兵部尚書

張詠字復之濮州鄄城人太平興國五年登進士乙科授大理評事眞宗朝官至禮部尚書年七十歲贈左僕射謚忠定

梁顥字太素鄆州須城人太宗二年第進士甲科解褐

大名府觀察推官累進翰林學士權知開封府年九十二歲

杜鎬字文周常州無錫人太宗朝爲國子監丞累進禮部侍郎年七十六歲

司馬旦字伯康夏縣人以父任爲秘書省校書郎熙甯中官至太中大夫年八十二歲

李及字幼幾舉進士調昇州觀察推官累進御史中丞年七十歲贈禮部尚書謚恭惠

燕度字唐卿青州益都人登進士第知陳留縣仁宗朝以右諫議大夫知潭州年七十歲

劉夔字道元建州崇安人進士中第補廣德軍判官英
宗朝官至吏部侍郎年八十三歲
鄭簡字叔廉杭州臨安人進士及第補試秘書省校書
郎眞宗朝官至刑部侍郎年八十歲贈吏部侍郎
陳安石字子堅河陽人以蔭鎖廳及第爲夔峽轉運判
官神宗朝官至龍圖閣直學士年八十一歲
范正辭字直道齊州人治春秋公羊穀梁登第調補安
陽主簿眞宗朝官至河東轉運使年七十五歲
晁迥字明遠世爲澶州人徙彭門舉進士爲大理評事
仁宗朝官至禮部尚書年八十四歲贈太子太保謚

文元

張雍德州安德縣人開寶六年中第釋褐東關尉眞宗朝官至兵部侍郎年七十歲

李廸字復古其先趙郡人後徙幽州舉進士第一授將作監丞仁宗朝官至同中書門下平章事年七十七歲贈司空侍中諡文定

李東之字公明廸之子賜進士出身爲館閣校勘英宗朝官至工部尚書年七十八歲

李肅之字公儀廸弟之子以蔭監大名府軍資庫元豐中官至龍圖閣直學士年八十二歲

李及之字公逵亦廸弟之子由蔭登第通判安肅軍歷
知涇晉陝三州以太中大夫致仕年八十五歲

杜衍字世昌越州山陰人擢進士第補揚州觀察推官
仁宗朝官至同平章事封祁國公年八十歲贈司徒
兼侍中謚正獻

呂公孺字稚卿壽州人賜進士出身判吏部南曹元祐
中官至戶部尚書年七十歲贈光祿大夫

張士遜字順之陰城人淳化中舉進士調鄖鄉主簿仁
宗朝官至禮部尚書同中書門下平章事封鄧國公
年八十六歲贈太師中書令謚文懿

韓忠彥字師樸相州安陽人少以父任爲將作監簿復舉進士徽宗朝官至尚書左僕射兼門下侍郎封儀國公年七十二歲

王罕字師言成都華陽人以蔭知宜興縣官至光祿大夫年八十歲

王琪字君玉成都華陽人舉進士調江都主簿官至禮部侍郎年七十二歲

富弼字彥國河南人舉茂材異等授將作監丞仁宗朝官至同中書門下平章事封鄭國公年八十歲贈太尉謚文忠

文彥博字寬夫汾州介休人及進士第知翼城縣仁宗
朝官至同中書門下平章事封潞國公年九十二歲
追贈太師謚忠烈
范純粹字德儒蘇州吳縣人以蔭遷贊善大夫元祐中
爲戶部侍郎年七十餘歲
范純仁字堯夫純粹兄皇祐元年進士調知武進縣官
至尚書右僕射兼中書侍郎年七十五歲贈開府儀
同三司謚曰忠宣
韓維字持國開封雍邱人富弼辟置河東幕府進史館
修撰元祐中拜門下侍郎年八十三歲

包拯字希仁廬州合肥人舉進士除大理評事仁宗朝官至禮部侍郎年七十四歲贈禮部尚書謚孝肅

趙抃字閱道衢州西安人進士及第爲武安軍節度判官神宗朝官至叅知政事以太子少保致仕年七十七歲贈太子少師謚曰清獻

張方平字安道南京人舉茂材異等爲校書郎神宗朝官至叅知政事年八十五歲贈司空謚曰文定

王拱辰字君貺開封咸平人舉進士第一通判懷州神宗朝官至吏部尚書太子少保年七十四歲贈開府儀同三司謚懿恪

張昇字杲卿韓城人舉進士爲楚邱主簿嘉祐中官至
樞密使年八十六歲贈司徒兼侍中謚曰康節
趙槩字叔平南京虞城人中進士第通判海州仁宗朝
官至樞密使參知政事年八十八歲贈太子太師謚
曰康靖
胡宿字武平常州晉陵人登第爲揚子尉英宗朝官至
樞密副使年七十二歲贈太子太傅謚曰文恭
劉泰世字仲馮臨江新喻人中進士第紹聖中官至端
明殿學士年七十三歲
彭思永字季長廬陵人第進士知南海分寧縣熙甯三

年以戶部侍郎致仕年七十一歲

張存字誠之冀州人眞宗朝舉進士官至禮部尚書年
八十八歲

豐稷字相之明州鄞人登第爲穀城令官至禮部尚書
年七十五歲諡曰清敏

劉逖字孝叔湖州人舉進士爲御史臺主簿累遷荆湖
南北京西路轉運使神宗朝爲侍御史年七十二歲

王獵字得之長垣人慶曆中范仲淹薦之得出身爲丞
與藍田主簿神宗朝官至工部侍郎年八十歲

高化字仲熙眞定人眞宗初爲御龍弩直雙員都頭官

至武安軍節度使年八十歲贈太尉謚曰恭莊
劉渙字仲章保州保塞人以父任爲將作監主簿熙甯
中官至工部尚書年八十一歲
任顓字誠之青州壽光人舉進士得同學究出身積官
戸部侍郎年七十八歲
張景憲字正國河南人以父任爲淮南轉運副使神宗
朝累進太中大夫年七十七歲
孫瑜字叔禮博平人以父任爲將作監主簿仁宗朝官
至工部侍郎年七十九歲
杜常字正甫衛州人中進士第調河陽同法叅軍官至

工部尚書年七十九歲
王宗望字磻叟光州固始人以陰累擢夔州路都轉運
使官至工部侍郎年七十九歲
王吉甫字邦憲同州人舉明經爲大理評事歷同邢漢
三州進中大夫年七十歲
馬從先字子野祥符人由進士累官太常少卿英宗朝
轉工部侍郎致仕年七十六歲
程師孟字公闢吳人進士甲科累官集賢殿脩撰以光
祿大夫致仕年七十八歲
張問字昌言襄陽人進士起家通判大名府神宗朝官

至集賢殿脩撰河東轉運使年七十五歲

韓贄字獻臣齊州長山人登進士第神宗朝官至吏部侍郎年八十五歲

楚建中字正叔洛陽人第進士知滎河縣神宗朝為天章閣待制陝西都轉運使年八十一歲

盧革字仲辛湖州德清人年十六登第累官福建湖南轉運使神宗朝以光祿卿致仕年八十二歲

滕元發字達道東陽人舉進士授大理評事神宗朝官至龍圖閣直學士年七十一歲贈左銀青光祿大夫謚曰章敏

李兌字子西許州臨潁人登進士第英宗朝官至戶部
尚書年七十六歲謚曰莊

李先字淵宗兆進士爲虔州觀察推官歷江東淮南轉
運使年八十三歲

沈立字立之歷陽人舉進士簽書益州判官累進右諫
議大夫江淮發運使年七十二歲

張掞字文裕齊州歷城人舉進士知益都縣英宗朝累
官戶部侍郎致仕年八十歲

張燾字景元舉進士通判單州神宗朝判太常寺知通
進銀臺司年七十歲

葛宮字公雅江陰人舉進士授中正軍堂書記治平中
官至工部侍郎年八十一歲
朱景字伯晦河南偃師人舉進士調滎澤簿官至光祿
卿年七十一歲
盧士宏字子高新鄭人以父任屢爲州縣官至光祿卿
致仕年七十三歲
單煦字孟陽平原人舉進士知洛陽縣累官光祿卿年
七十七歲
楊仲元字舜明管城人第進士調宛邱主簿歷光虔虢
三州官光祿卿改中散大夫年七十五歲

余良肱字康臣洪州分寧人第進士調荆南司理參軍
累進光祿卿年八十一歲

呂公著字晦叔壽州人登進士第通判潁州元祐中官
至尚書右僕射兼中書侍郎年七十二歲贈太師申
國公謚曰正獻

范鎮字景仁成都華陽人舉進士第神宗朝爲翰林學
士知通進銀臺司以銀青光祿大夫致仕累封蜀國
公年八十一歲贈金紫光祿大夫謚曰忠文

蘇轍字子由舉進士第又策制舉授商州軍事推官哲
宗初官至尚書右丞進門下侍郎年七十四歲謚曰

文定

呂大防字微仲其先波郡人徙藍田進士及第調馮翊主簿哲宗初官至尚書左僕射兼門下侍郎年七十一歲贈太師宣城郡公謚曰正愍

蘇頌字子容泉州南安人第進士爲宿州觀察推官哲宗初官至右僕射兼中書門下侍郎年八十二歲贈司空

王存字正仲潤州丹陽人慶歷六年登進士第調嘉興主簿哲宗初官至吏部尚書年七十九歲贈銀青光祿大夫

孫固字和父鄭州管城人擢進士第調磁州司戶參軍
元祐中官至門下侍郎年七十五歲贈開府儀同三
司謚曰溫靖

趙瞻字大觀其先亳州永城人徙盩厔舉進士第調孟
州司戶參軍元祐中官至中大夫同知樞密院事年
七十二歲贈銀青光祿大夫謚曰懿簡

李周字純之馮翊人登進士第調長安尉神宗朝以直
龍圖爲陝西轉運使權工部侍郎年八十歲

顧臨字子敦會稽人皇祐中舉說書科爲國子監直講
紹聖中官至龍圖閣學士知定州年七十二歲

李之純字端甫滄州無棣人登進士第哲宗朝官至戶部尚書年七十五歲

馬默字處厚單州成武人登進士第調臨濮尉元祐中官至戶部侍郎年八十歲贈開府儀同三司加贈太保

劉安世字器之魏人登進士第調洛州司法參軍哲宗初爲寶文閣待制樞密都承旨年七十八歲

陳次升字當時興化仙遊人第進士知安邱縣徽宗朝爲右諫議大夫寶文閣待制年七十六歲

呂陶字元鈞成都人中進士第調銅梁令哲宗朝官至

集賢院學士知陳州年七十七歲

陳軒字元輿建州建陽人進士第二授平江軍節度推官徽宗朝官至兵部侍郎年八十四歲

孫鼛字叔靜錢塘人用父任調武平尉徽宗朝官至太僕卿轉大中大夫年八十六歲贈銀青光祿大夫謚曰通靖

章衡字子平浦城人嘉祐二年進士第一官至集賢院學士年七十五歲

龔鼎臣字輔之鄆之須城人景祐元年第進士爲平陰主簿神宗朝拜諫議大夫京東東路安撫使知青州

年七十七歲

鄭穆字閎中福州侯官人舉進士爲壽安主簿元祐中
官至國子祭酒寶文閣待制年七十五歲

徐勣字元功宣州南陵人舉進士調吳江尉徽宗朝官
至龍圖閣直學士年七十九歲贈正奉大夫

竇舜卿字希元相州安陽人以蔭爲三班奉職熙甯中
官至刑部侍郎年八十八歲謚曰康敏

宋守約開封酸棗人以父任爲左班殿直仁徽朝官至
洋揚州觀察使威武軍留後年七十一歲贈安武軍
節度使

張守約字希參濮州人以蔭主原州截原砦神宗朝官至涇原鄜延秦鳳副總管領康州刺史年七十五歲

和斌字勝之濮州鄄城人選隸散直爲德順軍指揮使神宗朝官至高陽關副總管步軍都虞候年八十歲

劉仲武字子文秦州成紀人熙甯中試射殿前異等補官徽宗朝官至瀘川軍節度使年七十三歲贈檢校少保諡曰威肅

劉闃字靜叔青州北海人以拳勇爲軍校官至左金吾大將軍年八十五歲

張蘊字積之開封將家子從軍爲小校徽宗朝官至開

德河陽馬步軍副總管年七十三歲贈感德軍節度使謚曰榮毅

上官均字彥衡邵武人神宗熙寧親策進士擢第二爲北京留守推官累進龍圖閣待制知永興軍年七十八歲

宗澤字汝霖婺州義烏人登元祐進士調館陶尉累官宗正卿高宗朝除延康殿學士京城留守兼開封尹贈觀文殿學士謚忠簡（按弘簡錄澤年七十歲）

李光字泰發越州上虞人崇甯五年進士調開化令高宗朝官至吏部尚書參知政事年八十餘歲謚莊簡

趙密字微叔太原清河人政和四年用材武試崇政殿授河北隊將高宗朝官至崇信軍節度使轉太尉年七十一歲贈少傅

洪邁字景盧鄱陽人紹興十五年中第授兩浙轉運幹辦公事官至龍圖閣直學士年八十歲贈光祿大夫謚文敏

陳規字元則密州安丘人靖康末爲安陸令高宗朝官至樞密直學士淮西安撫使年七十歲

劉一止字行簡湖州歸安人登進士第爲越州教授高宗朝官至敷文閣待制以直學士致仕年八十三歲

韓肖胄字似夫祈州安陽人以蔭補承務郎高宗朝官
至資政殿學士年七十六歲謚元穆
李植字元直泗州臨淮人兩舉於鄉補廸功郎高宗朝
官至江南東路轉運使以寶文閣學士致仕年七十
六歲
韓公裔字子扆開封人初以三館吏補官掌韋賢妃閤
牋奏高宗朝官至岳陽軍節度使年七十五歲贈太
尉謚恭榮
蕭振字德起溫州平陽人政和八年進士第調信州儀
曹官至敷文閣直學士知成都府年七十三歲

晏敦復字景初撫州臨川人第進士爲御史臺檢法官
高宗朝官至江淮等路經制使年七十一歲

張闡字大猷永嘉人宣和六年進士第調嚴州兵曹掾
官至工部尚書兼侍讀年七十四歲贈端明殿學士

洪擬字成季鎮江丹陽人登進士甲科崇甯中爲國子
博士官至徽猷閣直學士年七十五歲謚文憲

張燾字子公饒之德興人宣和八年進士第三人爲秘
書省正字孝宗朝官至同知樞密院事年七十五歲
謚忠定

黄中字通老邵武人擢進士第二人授保甯軍節度推

官高宗朝官至兵部尚書兼侍讀年八十五歲贈正議大夫謚簡肅

曾幾字吉甫其先贛州人徙河南試吏部優等爲國子正紹興中官至敷文閣待制以通奉大夫致仕年八十二歲謚文清

曾開字天游幾之兄登進士第調眞州司戶高宗朝官至刑部侍郎年七十一歲

陳俊卿字應求興化人紹興八年登進士第授泉州觀察推官孝宗朝官至同中書門下平章事兼樞密使以少師魏國公致仕年七十四歲贈太保謚曰獻

辛炎膺字起季萊州人登政和二年進士第爲單父丞
孝宗朝官至參知政事年七十九歲
周葵字立義常州宜興人宣和六年進士甲科調徽州
推官孝宗朝官至參知政事年七十七歲贈正奉大
夫諡惠簡
蕭燧字照鄰臨江軍人紹興十八年進士授平江府觀
察推官孝宗朝官至參知政事年七十七歲諡恭肅
王大寶字元龜其先由溫陵徙潮州建炎初廷試第二
授南雄州教授孝至朝官至禮部尚書年七十七歲
金安節字彥亨歙州休甯人宣和六年擢進士第調洪

州新建縣主簿孝宗朝官至禮部侍郎年七十七歲
贈開府儀同三司少保
李彥穎字秀叔湖州德清人紹興十八年擢進士第主
餘杭簿孝宗朝官至資政殿大學士年八十一歲贈
少保謚忠文
黃洽字德潤福州侯官人隆興元年賜第一人及第授
紹興府觀察判官孝宗朝官至知樞密院事年七十
九歲贈金紫光祿大夫
吳芾字明可台州仙居人舉進士第遷秘書正字孝宗
朝官禮部侍郎年八十歲

周執羔字表卿信州弋陽人宣和六年進士第二授湖
州司士曹事孝宗朝官至禮部尚書年七十七歲

李燾字仁甫眉州丹陵人紹興八年進士調華陽簿孝
宗朝官至敷文閣學士年七十歲累贈太師溫國公
謚文簡

尤袤字延之常州無錫人紹興十八年進士爲泰興令
光宗朝官至煥章閣待制兼侍講年七十歲贈金紫
光祿大夫謚文簡

謝諤字昌國臨江軍新喻人中進士第調夷陵縣主簿
光宗朝官至御史中丞權工部尚書年七十四歲贈

通議大夫

顏師魯字幾聖漳州龍溪人擢進士第知蒲田縣孝宗

朝官至吏部尚書年七十五歲謚曰定肅

袁樞字機仲建安人試禮部詞賦第一人調溫州判官

寧宗朝官至國子祭酒權工部侍郎年七十五歲

李椿字壽翁洺州永平人以父澤補廸功郎孝宗朝官

至湖南安撫使年七十三歲

張綱字彥正潤州丹陽人以上舍及第除太學正紹興

中官至資政殿學士年八十四歲謚章簡

張大經字彥文建昌南城人紹興十五年進士宰龍泉

光宗朝官至龍圖閣學士年八十九歲贈銀青光祿
大夫謚簡肅

劉章字文孺衢州龍游人紹興十五年進士第一授鎮
江軍簽判官至資政殿學士年八十歲贈光祿大夫
謚曰靖文

周必大字子充廬陵人紹興二十年進士授徽州戶曹
官至左丞相封許國公年七十九歲贈太師謚文忠

留正字仲至泉州永春人紹興十三年進士授陽江尉
紹熙中官至左丞相封魏國公年七十八歲贈太師
謚忠宣

林大中字和叔婺州永康人紹興三十年進士知金谿縣官至端明殿學士簽書樞密院事年七十八歲贈正奉大夫謚正惠

樓鑰字大防明州鄞縣人隆興元年登第調温州教授官至叅知政事年七十七歲贈少師謚宣獻

李大性字伯和端州四會人以父任入官爲湖北提刑司幹官官至兵部尚書年七十七歲贈開府儀同三司謚文惠

陸游字務觀越州山陰人蔭補登仕郎銷廳薦送第一爲甯德簿甯宗朝官至江西常平指舉知嚴州年八

十五歲

史浩字直翁明州鄞縣人紹興十四年登進士第調餘姚縣尉官至右丞相以太保致仕年八十九歲追封越王謚忠定

劉甲字師文東光人徙龍游登淳熙進士官至利安路安撫使年七十三歲謚清惠

何異字同叔撫州崇仁人紹興二十四年進士調石城主簿嘉泰中官至刑部侍郎年八十一歲

李孟傳字文授越州上虞人初爲江山縣丞官至浙東提點刑獄進直寶謨閣致仕年八十四歲

畢再遇字德卿兗州人以恩補官隸侍行馬司嘉定中
官至武信軍節度使年七十歲贈太師謚忠毅
章穎字茂獻臨江軍人以兼經中鄉薦調道州教授寧
宗朝官至禮部尚書年七十八歲贈光祿大夫謚文
肅
劉穎字公實衢州西安人登進士第調溧陽主簿嘉定
中官至寶謨閣直學士年七十八歲贈光祿大夫
崔與之字正子廣州人紹熙四年舉進士授浔州司法
叅軍理宗朝官至廣東經略安撫使以觀文殿學士
致仕年八十三歲累封至南海郡公謚清獻

呂午字伯可歙縣人嘉定四年進士授烏城主簿官至
浙東提刑進中奉大夫年七十七歲累贈至華文閣
學士

婁機字彥發嘉興人乾道二年進士授鹽官尉官至叅
知政事年七十餘歲贈金紫光祿大夫加贈特進

傅伯成字景初隆興元年進士第調連江尉官至龍圖
閣學士年八十四歲謚忠簡

袁韶字彥淳慶元府人淳熙十三年進士理宗朝官至
浙西制置使年七十七歲贈少傅

喬行簡字壽朋婺州東陽人紹熙四年進士理宗朝官

至左丞相封魯國公年八十六歲贈太師謚文惠

趙葵字南仲衡山人初以軍功補承務郎理宗朝官至右丞相封魯國公年八十一歲贈太傅謚忠靖

許應龍字恭甫福州閩縣人嘉定元年舉進士調汀州教授官至端明殿學士年八十一歲

陳韡字子華侯官人登開禧進士官至叅知政事年八十三歲贈少師謚忠肅

包恢字宏父建昌人嘉定十三年進士調金谿主簿度宗朝官至端明殿學士封南城縣侯年八十七歲贈少保謚文肅

李郜字元善蘇州吳縣人嘉定四年進士度宗朝官至
端明殿學士年七十五歲
楊大異字同伯醴陵人嘉定十三年進士官至廣東西
提點刑獄兼漕庾二司封醴陵縣開國男年八十二
歲
趙逢龍字應甫鄞人嘉定十六年進士官至將作監宗
正少卿年八十八歲
高賦字正臣中山人舉進士爲奉禮郎官至集賢院學
士年七十四歲
程頤字正叔河南人以處士薦召爲秘書省校書郎官

至崇政殿說書年七十三歲賜謚曰正公封伊陽伯
尹焞字彥明洛人高宗朝以薦授秘書郎官至權禮部
侍郎兼侍講年七十餘歲
楊時字中立南劍將樂人熙甯九年進士高宗朝官至
工部侍郎以龍圖閣直學士致仕年八十三歲
朱熹字元晦徽州婺源人紹興十八年進士主泉州同
安簿累官江東湖南轉運副使入爲崇政殿說書煥
章閣待制侍講年七十一歲
耶昺字叔明曹州濟陰人太平興國初擢九經及第授
大理評事大中祥符中官至禮部尚書年七十九歲

贈左僕射

孫奭字宗古博川博平人九經及第爲莒縣主簿仁宗朝官至禮部尚書以太子少保致仕年七十餘歲贈左僕射

邵伯溫字子文洛陽人以薦授大名府助教官至提點成都路刑獄年七十八歲

程大昌字泰之徽州休寧人紹興二十一年進士主吳縣簿孝宗朝官至權吏部尚書年七十三歲謚文簡

楊萬里字廷秀吉州吉水人紹興二十四年進士爲贛州司戶嘉泰中官至寶謨閣直學士年八十三歲贈

光祿大夫賜謚文節

葉適字正則溫州永嘉人淳熙五年進士第二人授平江節度推官官至寶文閣學士通議大夫年七十四歲贈光祿大夫謚忠定

范冲字元長登紹聖進士第官至龍圖閣直學士年七十五歲

湯漢字伯紀饒州安仁人以薦充象山書院堂長度宗朝官至權工部尚書年七十一歲贈正奉大夫謚文清

李心傳字微之賜進士出身通判成都端平中官至工

部侍郎年七十歲

葛勝仲字魯卿丹陽人登紹聖四年進士第調杭州司理參軍官至太常卿兼國子祭酒年七十三歲諡文康

鄭興裔字光錫以恩授成忠郎甯宗朝官至武泰軍節度使年七十四歲贈太尉諡忠肅

以上宋史列傳

歷代壽考名臣錄

遼

耶律實訥齊六院部郎君尼古察之後系出懿祖皇帝
太祖朝爲北院額爾木奇年七十歲居佐命功臣之
一

耶律塔拉字尼嚕古六院部郎君尼古察之後會同間
爲邊部令公官至行軍都統加兼政事年七十九歲

室昉字夢奇南京人會同初登進士第爲盧龍巡捕官
太宗朝官至樞密使兼北府宰相年七十五歲贈尚
書令

張儉宛平人統和十四年舉進士第一調雲州幕官官
至左丞相封韓王年九十一歲

耶律隆運本姓韓賜姓耶律薊州玉田人景宗朝爲東
頭承奉官累進南院樞密使統和中拜大丞相封齊
王總二樞府事年七十一歲贈尚書令謚文忠

達衍隆運姪德威之孫幼養宮中授小將軍清寧中官
至南府宰相封鄧王年八十歲

耶律達魯字伊聶仲父房之後系出元祖皇帝習兵事
爲左皮室詳袞統和中爲北院大王年七十二歲

耶律唐古字敵隱裕悅烏哲之庶子系出元祖皇帝初

補小將軍重熙間爲烏延党項部節度使年七十八
歲

耶律古雲字穆喇齊北院林牙圖魯卜之後開泰間以
軍功受詔鎮撫西北部累遷大成軍節度使年七十
歲贈同中書門下平章事

蕭惠字伯仁右大部人初爲行宮都部署開泰中歷北
府宰相封魏國王年七十四歲

耶律都沁字達言積慶宮人仕統和間多以軍事屬任
官至天德軍節度使年七十歲

蕭德字特門卓特部人初領牌印直宿清齋中官至南

府宰相封漢王加尚父年七十二歲

耶律阿蘇字薩巴清甯初補祗候郞君官至北院樞密使年八十歲追封齊國王

哈里字呼紐回鶻人重熙間歷近侍長官至廣利軍節度使年七十七歲

蕭烏納字特默六院部人清甯初補祗候郞君壽隆中官至北府宰相年七十歲

耶律唐古字嘉倫領六院郞君噶拉之後系出肅祖皇帝太康中補本班郞君官至烏爾古部節度使年七十三歲

蕭罕嘉努字料堅納喇部人統和中爲右通進典南京
累官至歸德軍節度使年七十二歲
耶律古雲字料堅六院部人統和中爲本部太保擢南
院大王年九十歲
大公鼎渤海人徙大定咸雍中登進士第調瀋州觀察
判官官至大理卿中京留守年七十九歲
以上遼史列傳

歷代壽考名臣錄

金

固納系出景祖以功戰受賞領秦王宗翰千戶天眷初爲天德軍節度使年八十五歲

古雲宗室子授世襲穆昆世宗朝官至平章政事年七十四歲

錫默阿里斜卯部人父歡塔穆宗時內附阿里年十七從軍有功歷順義泰甯軍節度使熙宗朝封韓國公年七十八歲

托克索宗室子納罕塞人初隸萬戶麾下領偏師立功

天眷初除彰德軍節度使封定國公年七十二歲

烏雅富埒琿海蘭路烏克敦山人以勇健隸棟摩軍居帳下力戰有功除河北西路兵馬副總管大定中封幽國公年七十三歲

珠勒根穆都哩上京納琳人皇統中以戰功授宣威將軍進扶餘路節度使年七十三歲

瓜爾佳沃哩布南圖渾河人太祖朝隸羅索帳下立軍功累官布塔布部族節度使封莒國公年一百有五歲

布薩歎塔扶餘路嘉們人初授修武校尉大定中官至

利涉軍節度使以光祿大夫致仕年七十二歲
高松澄州析木人年十九從軍立功世宗朝官至崇義軍節度使年七十四歲
獨吉義曷速館人徙居遼陽善女直契丹字爲管御前文字天會中官至武勝軍節度使年七十一歲
守道宗室子初爲應奉翰林文字世宗朝官至左丞相年七十四歲諡曰簡靖
石琚字子美定州人天眷二年中進士第一調邢臺縣令世宗朝官至右丞相封莘國公年七十三歲諡文憲

伊喇子敬字同文遼五院人皇統間特進伊喇修遼史辟爲掾屬史成除同知遼州事世宗朝轉簽書樞密院事出爲河中尹年七十一歲

龐迪字仲由延安人應募隸涇原路第三副將破賊有功授保義郎大定中官至絳陽軍節度使年七十歲

瓜爾佳清臣呼爾哈路罕都人皇統八年襲祖布達明安世宗朝官至右丞相封芮國公年七十歲

程輝字日新蔚州靈仙人皇統二年擢進士第爲尚書省令史世宗朝官至參知政事年七十六歲諡忠簡

董師中字紹祖洛州人皇統九年進士第調滯州軍事

判官世宗朝官至參知政事年七十四歲
李晏字致美澤州高平人皇統六年登經義進士第調
岳陽丞章宗朝官至禮部尚書年七十五歲謚曰文
簡
李愈字景韓絳之正平人中隆正五年詞賦進士第調
河南澠池主簿章宗朝官至河平軍節度使年七十
二歲謚曰清獻
許安仁字子靜獻州交河人登大定七年進士第調河
間縣主簿章宗朝官至汾陽軍節度使年七十七歲
謚曰文

沃呼忠蓋州人習女直契丹字為尚書省令史章宗朝
官至武衛軍節度使年七十歲
張大節代州五臺人擢天德三年進士第調崞縣丞章
宗朝官至震武軍節度使年八十歲
張亨字彥通大興漷陰人登皇統六年進士第調樊山
丞累官至南京路轉運使年七十八歲
韓錫字難老其先自析津徙薊之漁陽初以蔭補閤門
祗候天德中特賜進士及第累官至絳陽軍節度使
年八十三歲
劉仲洙字師魯宛平人大定三年登第歷龍門主簿章

宗朝官至定海軍節度使年七十五歲

王翛字翛然涿州人登皇統二年進士第由尚書省令史同知霸州事明昌中官至定海軍節度使年七十五歲

賈益謙字彥亨沃州人大定十年詞賦進士歷仕州郡貞祐中官至尚書左丞年八十歲

高汝礪字巖夫應州金城人登大定十九年進士宣宗朝官至尚書右丞相年七十一歲

許古字道眞獻州交河人登明昌五年詞賦進士第貞祐初自左拾遺拜監察御史進兼侍御史年七十四

歲
趙秉文字周臣磁州滏陽人登大定二十五年進士第
調安塞簿定興中官至禮部尚書年七十四歲
馮璧字叔獻眞定縣人承安二年經義進士調莒州軍
事判官官至同知集慶軍節度使年七十九歲
王若虛字從之槀城人擢承安二年經義進士調鄜州
錄事累官延州刺史入爲直學士年七十歲

元

徹伯爾利卓賽音人從太宗定計取中都授黃河以北鐵門以南天下都達嚕噶齊年一百一十八歲贈推忠佐命功臣太傅開府儀同三司上柱國追封涼國公諡武定

鎮海怯烈台氏太祖初爲軍伍長官至中書右丞相年八十四歲

吾也而珊竹氏從太祖征伐有功官至兵馬都元帥年九十六歲

速不台蒙古兀良合人初以百戶從太祖征伐有功爲
軍帥前鋒年七十三歲贈効忠宣力佐命功臣開府
儀同三司上柱國追封河南王謚忠定
烏蘭哈達速不台子事太祖爲皇孫宿衞憲宗朝總督
軍務年七十二歲
布敦世祖特爲副萬戶累進昭勇大將軍台州路達嚕
噶齊年八十一歲
齊諾約勒伯里巴約特氏和尙子初以御史大夫伊魯
諾延薦入見大安閣世祖念其功臣子即以其父官
授之拜武德將軍官至榮祿大夫平章政事商議樞

密院事左翼萬戶府達嚕噶齊年七十一歲贈推忠
輔治功臣光祿大夫河南江北等處中書平章政事
上柱國追封衛國公謚景憲
納琳河西人高智曜之孫睿之子大德六年納琳以名
臣子入備宿衞官至中書省平章政事御史大夫進
榮祿大夫加太尉年七十九歲
董文用字彥材真定藁城人弱冠試詞賦中選世祖在
潛邸命文用主文書官至翰林學士承旨進資德大
夫知制誥兼修國史年七十四歲贈銀青光祿大夫
少保壽國公謚忠穆

趙瑨雲中蔚州人初爲百戶至元中官至燕南道提刑按察使年八十歲贈大保上柱國追封定國公謚襄穆

邸順保定行唐人初事太祖爲行唐令累進驃騎上將軍充山前都元帥年七十四歲

邸浹順之子襲父職積戰功爲歸德萬戶年七十七歲

岳天禎大名冠氏人初爲冠氏縣軍民彈壓世祖朝官至福州路總管年七十二歲

石天麟字天瑞順州人年十四入見太宗因留宿衛官至中書左丞兼斷事官進榮祿大夫平章政事年九

十二歲贈推誠宣力保德翊戴功臣開府儀同三司
太師上柱國追封冀國公謚忠宣
楊奐字煥然乾州奉天人金末主進士不中太宗朝詔
宣德稅課使劉用之試諸道進士奐試東平兩中賦
論第一又因中書耶律楚材奏薦授河南路徵收課
稅所長官兼廉訪使年七十歲謚文憲
鄭温貞定靈壽人從軍有功爲哈必齊憲宗朝官至淮
南行省參知政事年八十一歲
史天澤字潤甫燕之永清人初爲帳前軍總領紹兄大
倪職爲都元帥官至中書左丞相進開府儀同三司

平章軍國重事年七十四歲贈太師追封鎭陽王諡
忠武

姚樞字公茂柳城人後遷洛陽初與楊惟中從太宗南
伐爲燕京行臺郎中官至翰林學士承旨年七十八
歲諡文獻

許衡字仲平懷之河內人世祖王秦中時以姚樞爲勸
農使樞乃召衡爲京兆提學官至集賢大學士太子
太保兼國子祭酒年七十三歲贈榮祿大夫司徒諡
文正加正學垂憲佐運功臣太傅開府儀同三司封
魏國公

竇默字子聲廣平肥鄉人以儒學教授鄉里世祖凡三召與語奏對皆稱旨用爲翰林侍講學士加昭文館大學士年八十五歲贈太師封魏國公謚文正

商挺字孟卿曹州濟陰人世祖在潛邸聞其名遣使徵至入對稱旨用爲關中宣撫司郎中官至樞密副使年八十歲贈推誠協謀佐運功臣太師開府儀同三司上柱國魯國公謚文定

趙良弼字輔之女直人初舉進士教授趙州世祖在潛邸召見占對稱旨用爲邢州安撫司幕長官至江淮安撫司進同僉書樞密院事年七十歲贈推誠翊運

功臣太保儀同三司封韓國公謚文正

王磐字文炳廣平永年人世祖在潛邸時楊惟中被旨招集儒士得磐深禮遇之中統元年拜益都等路宣撫副使復爲眞定順德等路宣慰使進資德大夫年九十二歲贈端貞雅亮佐治功臣太傅開府儀同三司追封洛國公謚文忠

王思廉字仲常眞定護鹿人至元十年董文忠薦之世祖遂召見授符寶局掌書官至翰林學士承旨進資善大夫年八十三歲贈資德大夫河南江北等處行中書省右丞上護軍封恒山郡公謚文恭

李謙字受益鄆之東阿人初爲東平府教授官至集賢
大學士進榮祿大夫年七十九歲
閻復字子靖其先平陽和州人父忠始居高唐復始以
文士爲東平行臺書記擢御史掾官至翰林學士承
旨進榮祿大夫平章政事年七十七歲謚文康
劉國傑字國寶女直人至元中爲益都新軍千戶累官
至湖廣平章年七十二歲贈推忠効力定遠功臣封
齊國公謚武宣
史弼字君佐蠡州博野人中統間以材勇被名授金符
管軍總管官至江西等處行中書省右丞陞平章政

事加銀青榮祿大夫封鄂國公年八十六歲

張德輝字耀卿冀甯交城人史天澤開府眞定辟爲經歷官世祖在潛邸數召對稱旨即位後用爲河東南北路宣撫使遷東平路宣慰使年八十歲

馬亨字大用邢州南和人太宗朝河北東西路徵收課稅使王晉辟爲掾授轉運司知事官至左部尚書河南行省僉事年七十一歲

楊恭懿字元甫奉元人至元中徵聘入都授集賢學士年七十歲

郭守敬字若思順德邢臺人中統三年張文謙薦守敬

習水利世祖召見面陳水利六事尋授提舉諸路河渠官至昭文館大學士知太史院事年八十六歲

尙野字文蔚其先保定人徙滿城至元十八年野以處士徵爲國史院編修官官至集賢侍講學士兼國子祭酒年七十六歲贈通奉大夫太常禮儀院使護軍封上黨郡公謚文懿

石高山德興府人徙居廣平之洺水中統三年因平章塔齊爾見世祖授管軍總管官至蒙古侍衛親軍都指揮使年七十六歲

陳天祥字吉甫趙州寧晉人徙家洛陽至元十一年起

家從仕郎郢復州等處招討司經歷官至集賢大學士商議中書省事年七十七歲贈推忠正義全德佐理功臣河南江北等處行中書省平章政事封趙國公謚文忠

何榮祖字繼先其先太原人徙家廣平何氏世業吏榮祖以吏累遷中書省掾官至昭文館大學士領中書省事加平章政事年七十九歲贈光祿大夫大司徒柱國封趙國公謚文憲

姚天福字君祥絳州人徙居雁門以材辟懷仁丞至元五年詔立御史臺以天福爲架閣管勾官至參知政

事大都路總管兼大興府尹年七十三歲
許國禎字進之絳州曲沃人以醫術被徵從征雲南有
功授榮祿大夫禮部尚書年七十六歲謚忠獻
尚文字周卿祁州深澤人徙居保定至元六年始立朝
儀劉秉忠言文於世祖詔命掌制朝儀成擢右直侍
儀使官至中書平章政事加銀青榮祿大夫年九十
二歲
雷膺字彥正渾源人太宗時詔郡國設科選試膺得遇
選丞相史天澤鎮真定辟爲萬戸府掌書記官至江
南浙西道提刑按察使徵拜進賢學士年七十三歲

贈通奉大夫河南江北等處行中書省參知政事護軍封馮翊郡公謚文穆

王利用字國賓通州潞縣人初事世祖於潛邸中統初爲太府內藏官至四川提刑按察使致仕復起爲太子賓客年七十七歲贈榮祿大夫柱國中書平章政事封潞國公謚文貞

暢師文字純甫南陽人至元五年陳時政十六策丞相安圖奇其才辟爲右三部令史官至翰林學士年七十一歲贈資政大夫河南江北等處行中書省左丞上護軍封魏郡公謚文肅

高源字仲淵晉州人少補縣吏中統初擢衛輝路知事
授同知湖南道宣尉司事年七十七歲
吳澄字幼淸撫州崇仁人元貞間左丞董士選薦爲應
奉翰林文字官至翰林學士進太中大夫年八十五
歲贈江西行省左丞上護軍封臨川郡公謚文正
鄧文原字善之綿州人徙錢塘至元二十七年行中書
省辟爲杭州路儒學官至嶺北湖南道肅政廉訪使
年七十一歲贈江浙行省叅知政事謚文肅
姚燧字端甫柳城人遷洛陽始爲秦王府文學官至江
西行省參知政事復授榮祿大夫翰林學士承旨知

制誥兼修國史年七十六歲謚曰文
郭貫字安道保定人以才行見推擇爲樞密中書掾官
至中書左丞加集賢大學士年八十二歲贈光祿大
夫河南行省平章政事柱國封蔡國公謚文憲
劉賡字熙載洺水人至元十三年用薦授國史院編修
官官至翰林學士承旨加光祿大夫年八十一歲
耶律有尙字伯强東平人因許衡奏爲國子助教官至
昭文館大學士年八十六歲謚文正
張孔孫字夢符隆安人初爲太常奉禮郎官至集賢大
學士進中奉大夫商議中書省事年七十五歲

敬儼字威卿其先河東人徙易水武宗朝爲山北廉訪
副使官至中書平章政事年八十歲贈翰林學士承
旨光祿大夫柱國封魯國公謚文忠
曹伯啓字士開濟甯碭山人至元中爲蘭溪主簿官至
山北廉訪使年七十九歲
張思明字士瞻其先獲嘉人徙居輝州至元十九年由
侍儀司舍人辟御史臺掾官至中書左丞年七十八
歲贈推誠翊治守義功臣依前中書左丞上護軍清
河郡公謚貞敏
張昇字伯高其先定州人後徙平州至元二十九年用

薦授將仕郎翰林國史院編修官至淮西道廉訪使年八十一歲贈資德大夫河南等處行中書省左丞謚文憲

陳顥字仲明清州人因翰林承旨安藏薦入宿衛官至集賢大學士年七十六歲贈攄誠秉義佐理功臣光祿大夫河南江北等處行中書省平章政事柱國封薊國公謚文忠

梁曾字貢父燕人以薦辟中書令史仁宗朝官至昭文館大學士年八十歲

劉敏中字端甫濟南章邱人至元十一年由中書掾兵

部主事官至翰林學士承旨年七十六歲贈光祿大夫柱國封齊國公諡文簡

王約字彥博其先汴人徙眞定至元十三年翰林學士王磐薦爲從事官至集賢大學士商議中書省事年八十二歲

耶律希亮字明甫和林人至元八年授符寶郎官至翰林學士承旨知制誥兼修國史年八十一歲贈推忠輔義守正功臣資善大夫集賢學士上護軍封漆水郡公諡忠嘉

趙世延字子敬其先雍古族人居雲中北邊後徙成都

至正二十一年授承事郎按察使判官官至奎章閣
大學士中書平章政事封魯國公年七十七歲贈推
忠靖法佐運翊亮功臣太保金紫光祿大夫上柱國
謚文忠

虞集字伯生臨川人大德初以大臣薦授大都路儒學
教授官至奎章閣學士年七十七歲贈江西行省參
知政事護軍封仁壽郡公

黃溍字晉卿婺州義烏人延祐二年進士第授台州寧
海丞官至侍講學士同知經筵事年八十一歲贈中
奉大夫江西等處行中書省參知政事護軍封江夏

郡公諡文獻
歐陽元字原功瀏陽人延祐二年進士授岳州路平江
州同知官至湖廣行中書省右丞進光祿大夫年八
十五歲贈推忠守正功臣大司徒柱國封楚國公諡
曰文
許有壬字可用其先世居潁後徙湯陰初爲開寧路學
正官至集賢大學士進光祿大夫年七十八歲
于文傳字壽道平江人延祐二年乙科同知昌國州事
至正中官集賢待制以禮部尚書致仕年七十八歲
張翥字仲舉晉甯人至正中以隱逸薦召爲國子助教

官至河南行省平章政事年八十三歲

舒蘇字得之其先大食國人後徙眞定至順元年應召爲應奉翰林文字官至江東肅政廉訪使年七十四歲贈禮部尙書上輕車都尉封恒山郡侯諡文孝

卜天章字君璋洛陽人至元中爲南京府史官至山南廉訪使年八十二歲贈禮部尙書上輕車都尉河南郡侯諡正獻

以上元史列傳

歷代壽考名臣錄

明

湯和字鼎臣濠人從太祖定鼎封信國公年七十歲追
封東甌王謚襄武

宋濂字景濂其先金華之潛溪人至濂乃遷浦江太祖
取婺州召見以爲甯越府五經師累官至學士承旨
知制誥年七十二歲謚文憲

朱善字修萬豐城人洪武初爲南昌教授八年廷對第
一授修撰官至文淵閣大學士年七十二歲正德中
追謚文恪

黃淮字宗豫永嘉人舉洪武末進士授中書舍人官至
戶部尚書兼武英殿大學士進少保年八十三歲謚
文簡
胡儼字若思南昌人洪武中以舉人授華亭教諭官至
禮部侍郎年八十三歲
楊士奇名寓以字行泰和人建文初用薦徵授教授復
以史才薦名入翰林充編修官至兵部尚書兼華
蓋殿大學士進少師年八十歲贈太師謚文貞
楊榮字勉仁建安人建文二年進士授編修官至工部
尚書兼謹身殿大學士進少師年七十歲贈太師謚

文敏

楊溥字宏濟石首人與楊榮同舉進士授編修官至禮部尚書兼武英殿大學士進少保年七十五歲贈太師諡文定

蹇義字宜之巴人洪武十八年進士授中書舍人官至吏部尚書進少師年七十三歲贈太師諡忠定

劉辰字伯靜金華人國初署典籤建文中同薦擢監察御史官至刑部左侍郎年七十八歲

嚴本字志道江陰人永樂十一年以薦徵授刑部主事官至大理寺正年七十八歲

儀智字居眞高密人洪武末舉耆儒授高密訓導官至禮部左侍郎年八十歲贈太子少保謚文簡

王英字時彥金谿人永樂二年進士選庶吉士官至禮部尚書年七十五歲謚文安

周忱字恂如吉水人永樂二年進士選庶吉士官至工部尚書謚文襄 按編年考忱以七十三歲進尚書

黃福字如錫昌邑人洪武中由太學生歷金吾前衞官至兵部尚書加少保年七十八歲謚忠宣

胡拱辰字共之淳安人正統四年進士由知縣擢御史官至工部尚書致仕贈太子少保謚莊懿 按浙江通志正德丙

寅洪辰壽居九十遣行人王奎存問

潘榮字尊用龍溪人正統十三年進士除吏科給事中官至戸部尚書年七十八歲贈太子太保

夏時正字季爵仁和人正統十年進士除刑部主事官至大理寺正卿 按陳守阯夏公神道碑時正年八十八歲

黃宗載一名垕字厚夫豐城人洪武三十年進士授行人官至吏部尚書年七十九歲

吳訥字敏德常熟人永樂中以薦至京命教功臣子弟洪熙元年侍講學士沈度薦訥經明行修授監察御史官至左副都御史年八十六歲謚文恪

魏驥字仲房蕭山人永樂中以進士副榜授松江訓導
官至吏部尚書年九十八歲謚文靖

李裕字資德豐城人景泰五年進士授御史官至工部
尚書年八十八歲

李時勉名懋以字行安福人永樂二年進士選庶吉士
授刑部主事官至祭酒年七十七歲贈禮部侍郎謚
文忠

陳敬宗字光世慈谿人永樂二年進士選庶吉士授刑
部主事官至祭酒年八十三歲贈禮部侍郎謚文定

謝鐸字鳴治浙江太平人天順末進士改庶吉士授編

修官至禮部侍郎管祭酒事贈禮部尚書諡文肅按編年考鐸以七十三歲致仕
林瀚字亨大閩人舉成化二年進士改庶吉士授編修
官至吏部尚書年八十六歲贈太子太保諡文安
高穀字世用揚州興化人永樂十三年進士選庶吉士
授中書舍人官至工部尚書兼謹身殿大學士進少
保年七十歲贈太保諡文義
胡濙字源潔武進人建文二年舉進士授兵科給事中
官至禮部尚書進少傅年八十九歲贈太保諡忠安
王直字行儉泰和人舉永樂二年進士改庶吉士尋授

修撰官至禮部尚書進少傅年八十四歲贈太保謚文端

王越字世昌濬人景泰二年進士授御史官至兵部尚書以戰功封威寧伯年七十歲致仕贈太傅謚襄敏

按列朝小傳越年七十二歲復起總制甘涼

羅亨信字用實東莞人永樂二年進士改庶吉士官至左副都御史年七十四歲

孫原貞名瑀以字行德興人永樂十三年進士官至兵部尚書年八十七歲

商輅字宏載淳安人舉鄉試第一正統十年會試殿試

皆第一除修撰官至謹身殿大學士進少保年七十三歲贈太傅謚文毅

王翱字九臯鹽山人永樂十三年初會試貢士於行在翱兩試皆上第改庶吉士官至吏部尚書進太子太保年八十四歲贈太保謚忠肅

王竑字公度其先江夏人祖俊卿始著籍河州竑登正統四年進士授戶科給事中官至兵部尚書年七十五歲贈太子太保謚莊毅

項忠字藎臣嘉興人正統七年進士授刑部主事官至刑部尚書年八十二歲贈太子太保謚襄毅

秦紘字世纓單人景泰二年進士授南京御史官至戶部尚書兼右副都御史總制一邊加太子少保年八十歲贈少保謚襄毅

章懋字德懋蘭谿人成化二年會試第一成進士改庶吉士官至禮部尚書年八十六歲贈太子少保謚文懿

徐溥字時用宜興人景泰五年進士及第授編修官至華蓋殿大學士加少師兼太子太師年七十一歲謚文靖

邱濬字仲深瓊山人舉鄉試第一景泰五年成進士改

庶吉士官至禮部尚書兼文淵閣大學士加少保年
七十六歲贈太傅謚文莊
劉健字希賢洛陽人舉天順四年進士改庶吉士授編
修官至禮部尚書兼武英殿大學士加太傅兼太子
太傅年九十四歲贈太師謚文靖
謝遷字于喬餘姚人成化十年鄉試第一明年舉進士
復第一授修撰官至兵部尚書兼東閣大學士加少
傅兼太子太傅年八十三歲贈太傅謚文正
李東陽字賓之茶陵人天順八年成進士選庶吉士授
編修官至禮部尚書兼文淵閣大學士加少師兼太

子太師年七十歲贈太師諡文正

王鏊字濟之吳人成化十年鄉試明年會試俱第一廷試第三授編修官至戶部尙書兼文淵閣大學士加少傅兼太子太傅年七十五歲贈太傅諡文恪

劉忠字司直陳留人成化十四年進士改庶吉士授編修官至吏部尙書兼文淵閣大學士加少傅兼太子太傅年七十二歲贈太保諡文肅

王恕字宗貫三原人正統十三年進士由庶吉士授大理左評事官至吏部尙書加太子少保年九十三歲贈特進左柱國太師諡端毅

馬文升字負圖鈞州人景泰二年進士授御史官至吏部尙書加少師兼太子太師年八十五歲贈特進光祿大夫太傅謚端肅

劉大夏字時雍華容人舉鄉試第一登天順八年進士改庶吉士成化初館試當留自請試吏乃除職方主事官至兵部尙書加太子太保年八十一歲贈太保謚忠宣

何喬新字廷秀江西廣昌人景泰五年進士授禮部主事官至刑部尙書年七十六歲贈太子太保謚文肅

周經字伯常天順四年進士改庶吉士授檢討官至戶

部尚書加太子太保年七十一歲贈太保謚文定

閔珪字朝瑛烏程人天順八年進士授御史官至刑部尚書加少保年八十二歲贈太保謚莊懿

楊守阯字維立鄞人成化十四年進士及第授編修官至吏部左侍郎加尚書致仕按寧波府志守阯以七十歲致仕

周洪謨字堯弼長寧人正統十年進士及第授編修官至禮部尚書加太子少保年七十三歲謚文安

吳寬字原博長洲人成化八年會試廷試皆第一授修撰官至禮部尚書年七十歲贈太子太保謚文定

曾鑑字克明其先桂陽人以戍籍居京師天順八年進

士授刑部主事官至工部尚書贈太子太保按樵書天順十同年圖尚書曾謚年七十歲

韓文字貫道洪洞人成化二年舉進士除工科給事中官至戶部尚書加太子太保年八十六歲贈太傅謚忠定

楊守隨字維貞鄞人舉成化二年進士授御史官至工部尚書年八十五歲贈太保謚康簡

許進字季升靈寶人成化二年進士除御史官至吏部尚書加太子少保年七十四贈謚襄毅

雍泰字世隆咸甯人成化五年進士除吳縣知縣官至

戶部尚書年八十歲謚端惠

陳壽字本仁其先新淦人祖志宏始籍寧遠衛壽登成化八年進士授戶科給事中官至刑部尚書年八十三歲

樊瑩字廷璧常山人天順末舉進士授行人官至刑部尚書年七十五歲贈太子少保謚清簡

何鑑字世光浙江新昌人成化五年進士授宜興知縣徵拜御史官至兵部尚書加太子太保年八十歲

楊廷和字介夫新都人成化十四年成進士改庶吉士授檢討官至吏部尚書兼華蓋殿大學士加少師太

子太師年七十一歲贈太保謚忠定
毛紀字維之掖縣人成化末舉鄉試第一登進士選庶
吉士官至武英殿大學士加少保年八十三歲贈太
保謚文簡
朱希周字懋忠崑山人徙吳縣舉宏治九年進士孝宗
喜其姓名擢爲第一授修撰官至吏部尙書年八十
四歲贈太子少保謚恭靖
楊愼字用修新都人正德六年殿試第一授翰林編修
官至翰林學士充經筵講官年七十三歲謚文憲
嚴訥字敏卿常熟人嘉靖二十年成進士改庶吉士授

編修官至吏部尚書兼武英殿大學士加太子太保
年七十四歲贈少保謚文靖

李春芳字子實揚州興化人嘉靖二十六年舉進士第
一除修撰官至吏部尚書兼中極殿大學士加少師
兼太子太師年七十五歲贈太師謚文定

陳以勤字逸甫南充人嘉靖二十年進士選庶吉士授
檢討官至吏部尚書兼武英殿大學士加太傅兼太
子太師年七十六歲贈太保謚文端

孫交字志同安陸人成化十七年進士授南京兵部主
事官至戶部尚書加太子太保年八十歲謚榮僖

林俊字待用莆田人成化十四年進士除刑部主事官
至刑部尙書加太子太保年七十六歲贈少保謚貞
肅
秦金字國聲無錫人宏治六年進士授戶部主事官至
戶部尙書加太子少保年七十八歲贈少保謚端敏
梁材字大用南京金吾右衛人宏治十二年進士授德
清知縣官至戶部尙書加太子少保年七十一歲贈
太子太保謚端肅
劉麟字元瑞本安仁人世爲南京廣洋衛副千戶因家
焉宏治九年成進士除刑部主事官至工部尙書年

八十七歲贈太子少保諡清惠

蔣瑤字瑞卿歸安人宏治十二年進士授行人官至工部尚書加太子少保年八十九歲贈太子太保諡恭靖

蔡天祐字成之睢州人登宏治十八年進士改庶吉士授吏科給事中官至兵部右侍郎年九十五歲

郭宗皐字君弼福山人嘉靖八年進士選庶吉士改除刑部主事官至兵部尚書年九十歲贈太子太保諡康介

陶炎字廷信絳州人舉成化七年鄉試第一十七年成

進士授刑部主事官至兵部尚書加太子太保年八十四歲贈少保諡恭介

潘塤字伯和山陽人正德三年進士授工科給事中官至右副都御史撫河南年八十七歲

趙錦字元樸餘姚人嘉靖二十三年進士授江陰知縣官至刑部尚書加太子少保年七十六歲保太子太保諡端肅

周尚文字彥章西安後衛人年十六襲指揮同知屢出塞有功進指揮使官至大同鎮總兵官進左都督加太保年七十五歲贈太保諡武襄

徐階字子升松江華亭人嘉靖二年進士第三人授翰
林院編修官至吏部尚書兼武英殿大學士加少保
兼太子太師年八十一歲贈太師謚文貞

陸樹聲字與吉松江華亭人舉嘉靖二十年會試第一
選庶吉士授編修官至太常卿掌南京祭酒加太子
少保年九十七歲贈太子太保謚文定

翁正春字兆震侯官人萬歷中爲龍溪教諭二十年擢
進士第一授修撰官至禮部尚書加太子少保年七
十餘歲謚文簡

沈鯉字仲化歸德人嘉靖四十四年成進士改庶吉士

授編修官至禮部尚書兼文淵閣大學士加少保年八十五歲贈太師謚文端

萬士和字思節宜興人嘉靖二十年進士改庶吉士授戸部主事官至禮部尚書年七十一歲贈太子少保謚文恭

曾同亨字于野吉水人嘉靖三十八年進士授刑部主事官至工部尚書加太子少保年七十五歲贈少保謚恭端

袁洪愈字抑之吳縣人嘉靖二十五年鄉試第一明年成進士授中書舍人官至吏部右侍郎加太子少保

年七十四歲贈太子太保謚安節

丁賓字禮原嘉縣人隆慶五年進士授句容知縣官至工部尚書加太子太保年九十一歲謚清惠

朱衡字士南萬安人嘉靖十一年進士知尤溪縣官至工部尚書兼右副都御史總理河漕加太子太保年七十三歲

潘季馴字時良烏程人嘉靖二十九年進士授九江推官官至工部尚書兼右都御史加太子太保年七十五歲

孫丕揚字叔孝富平人嘉靖三十五年進士授行人官

至吏部尚書年八十三歲贈太保諡恭介

蔡國珍字汝聘奉新人嘉靖三十五年進士授刑部主事官至吏部尚書年八十四歲贈太子太保諡恭靖

海瑞字汝賢瓊山人舉鄉試署南平教諭遷淳安知縣官至右都御史年七十五歲贈太子太保諡忠介

李化龍字于田長垣人萬歷二年進士除嵩縣知縣官至兵部尚書加柱國少傅兼太子太保年七十歲贈太師諡襄毅

孟一脈字淑孔東阿人隆慶五年進士爲平遙知縣以廉能擢南京御史官至右僉都御史巡撫南贛年八

十一歲

周嘉謨字明卿漢川人隆慶五年進士除戸部主事官至吏部尙書加太子太保年八十四歲贈少保

朱燮元字懋和浙江山陰人萬歷十年進士除大理評事官至兵部尙書總督川雲貴廣諸軍加少師左柱國年七十三歲

薛瑄字德溫河津人永樂十九年進士授御史官至禮部右侍郎兼翰林學士入閣預機務年七十二歲贈禮部尙書諡文清

羅欽順字允升泰和人宏治六年進士及第授編修官

至吏部尚書年八十三歲贈太子太保謚文莊

湛若水字元明增城人宏治十八年進士選庶吉士授翰林院編修官至吏部尚書年九十五歲

以上明史列傳

追日即央記替

翰林院編修官王爽楊尚書法水十正義

縣茶水宇元四師人宏尚十六卒野上題諸皆士雙

近支皆向書法八十三歲劉未千太別諳文批

一四　聚珍板印

歷代壽考諸臣附錄

漢

張蒼陽武人秦時爲御史高帝初爲常山太守累遷至御史大夫封北平侯文帝六年爲丞相年百餘歲

右漢書列傳

後漢

竇融字周公扶風平陵人王莽朝爲波水將軍降更始爲張掖屬國都尉世祖初據河西五郡歸漢授涼州牧封安豐侯遷大司空加特進年七十八歲謚曰戴侯

蘇竟字伯況扶風平陵人平帝時爲博士莽時爲代郡
中尉世祖即位就拜代郡太守進侍中年七十歲
郭伋字細侯扶風茂陵人平帝時爲漁陽都尉莽時爲
上谷大尹并州牧更始新立徵拜左馮翊世祖朝爲
潁川太守并州牧徵爲太中大夫年八十六歲
楊彪字文先宏農華陰人熹平中徵拜議郎累遷侍中
司徒魏文帝受禪授光祿大夫年八十四歲
以上後漢書列傳

三國

鍾繇字元常潁川長社人漢靈帝時舉孝廉除尚書郎

陵陽令獻帝時以侍中守司隸校尉文帝踐阼爲大理進太尉封定陵侯遷太傅謚曰成侯按裴松之三國志荀攸傳注繇年八十歲

程昱字仲德東郡東阿人獻帝初爲壽張令東平相進拜尚書奮威將軍封安國亭侯魏國既建爲衞尉文帝踐阼進封安鄉侯追贈車騎將軍謚曰肅侯按魏書昱年八十歲

常林字伯槐河內溫人漢獻帝初爲縣長遷博陵平原兩郡太守文帝踐阼爲少府封樂陽亭侯轉大司農明帝即位進封高陽鄉侯徙光祿勳太常年八十三

歲追贈驃騎大將軍謚曰貞侯

趙儼字伯然潁川陽翟人漢獻帝初爲朗陵縣長累遷河東太守典農中郎將魏黃初三年賜爵關內侯齊王芳嗣進征西將軍都督雍涼諸軍事遷司空謚曰穆按本傳漢建安二年儼年二十七歲越四十七年至魏齊王芳正始四年儼尙無恙年七十四歲矣

韓曁字公至南陽堵陽人太祖平荊州辟爲丞相士曹掾進司金都尉文帝踐阼遷太常封南鄉亭侯進司徒年八十餘歲謚曰恭侯

高柔字文惠陳留圉人漢末爲潁川太守文帝卽位賜爵關內侯轉加治書執法爲廷尉明帝時封延壽亭

侯爲司空司徒高貴鄉公卽位進封安國侯轉太尉年九十歲謚曰元侯

田豫字國讓漁陽雍奴人太祖召爲丞相軍謀掾累遷弋陽太守文帝初持節護烏丸校尉封長樂亭侯復以汝南太守督青州諸軍正始初遷使持節護匈奴中郎將加振威將軍領并州刺史徵爲衞尉年八十二歲

徐邈字景山燕國薊人太祖平河朔召爲丞相軍謀掾遷尚書郎出爲安南太守文帝踐阼歷譙相平陽安平太守復使持節領護羌校尉封都亭侯正始中爲

光祿大夫拜司空年七十八歲謚曰穆侯

以上魏志列傳

晉

王祥字休徵瑯邪臨沂人魏文帝時徐州刺史呂虔檄爲別駕累遷太常陳留王奐朝拜司空轉太尉封睢陵侯武帝踐阼拜太保進爵爲公年八十五歲謚曰元

王覽字元通祥之弟及祥仕進覽亦應本郡之召稍遷司徒西曹掾清河太守封即邱子武帝泰始末除宏訓少府咸寧中爲宗正卿轉光祿大夫年七十三歲

謚曰貞

鄭沖字文和滎陽開封人魏文帝時以尚書郎出補陳留太守嘉平三年拜司空常道鄉公卽位拜太保位三司上封壽光侯武帝卽位進爵爲公謚曰成按本傳沖在漢末州郡久不加禮魏文帝爲太子時始辟爲文學晉武帝泰始九年致仕距爲文學時幾六十年年必在七十以上矣

何曾字頴考陳國陽夏人魏明帝爲平原侯曾爲文學及卽位累遷散騎侍郎咸熙初拜司徒封朗陵侯武帝踐阼拜太尉進爵爲公以本官領司徒進位太宰年八十歲謚曰貞

陳騫臨淮東陽人魏明帝時起家尚書郎爲中山安平
太守累遷都督荆州諸軍事征南大將軍封高都公
咸熙初遷太尉轉大司馬年八十一歲贈太傅謚曰
武

安平獻王司馬孚字叔達宣帝次子初爲魏陳思王文
學掾遷太子中庶子至魏末位太傅封長樂公武帝
受禪進爵爲王拜太宰持節都督中外諸軍事年九
十三歲

荀顗字景倩潁川人仕魏以父勳除中郎擢散騎常侍
咸熙中位司空 臨淮侯武帝踐阼進爵爲公遷太

尉加侍中行太子太傅謚曰康按本傳咸熙中顗年踰耳順越十餘載至晉武帝泰始九年顗尚無恙年近八十矣

魏舒字陽元任城樊人初仕魏以對策升第除澠池長累遷侍中封劇陽子晉武帝受禪加光祿大夫儀同三司進司徒年八十二歲謚曰康

劉寔字子眞平原高唐人仕魏朝歷吏部郎參文帝相國軍事封循陽子武帝泰始初進爵爲伯惠帝元康初進爵侯拜司空轉太傅懷帝卽位復授太尉年九十一歲謚曰元

王渾字元沖太原晉人父昶魏司空渾襲京陵侯參文

帝安東軍事武帝受禪加揚烈將軍遷安東將軍都督揚州諸軍事進爵爲公惠帝時錄尚書事年七十五歲謚曰元

王濬字士治宏農人初仕魏朝辟河東從事累遷益州刺史晉武帝太康元年進平東將軍假節都督益梁諸軍事封襄陽縣侯轉撫軍太將軍加特進年八十歲謚曰武

山濤字巨源河內懷人與宣穆后有中表親是以見景帝舉秀才除郎中魏咸熙中封新沓子武帝受禪以濤守大鴻臚進新沓伯咸寧初除尚書僕射加侍中

領吏部年七十九歲策贈司徒謚曰康

石鑒字林伯樂陵厭次人仕魏歷尚書郎假節護匈奴中郎將武帝受禪封堂邑子累進司空惠帝朝封景安縣侯爲太尉年八十餘歲謚曰元

魯芝字世英扶風郿人舉孝廉辟魏大司馬曹眞掾歷天水廣平太守常道鄉公時進監青州諸軍事振武將軍青州刺史封陰平伯武帝踐阼進爵爲侯年八十四歲謚曰貞

羅含字君章桂陽耒陽人刺史庾亮以爲部江夏從事徵爲尚書郎累遷散騎常侍轉廷尉長沙相年七十

七歲

以上晉書列傳

南朝

蕭允字叔佐南蘭陵人仕梁位太子洗馬陳宣帝朝爲
黃門侍郎拜光祿大夫年八十四歲

王崑瑯琊臨沂人宋武帝時爲桓修參軍累遷會稽太
守加都尉順帝卽位加右光祿大夫入齊高帝時領
武陵王師加侍中年八十四歲贈左光祿大夫

王裕之字敬宏瑯琊臨沂人仕晉歷天門南平太守宋
武帝永初中累遷吏部尚書明帝時授侍中特進左

光祿大夫年八十八歲諡文貞
袁昂字千里陳郡夏陽人仕齊爲王儉鎮軍府功曹史
歷吳興太守梁天監二年以爲後軍臨川王參軍事
尋爲侍中遷吏部尙書大通中位司空年八十歲諡
曰穆正
袁憲字德章昂之孫仕陳爲中書侍郎歷尙書僕射隋
文帝時授開府儀同三司昌州刺史年七十歲贈大
將軍安成郡公諡曰簡
徐廣字野人東莞姑幕人仕晉除秘書郎轉員外散騎
常侍封樂成縣五等侯宋武帝永初元年詔除中散

大夫年八十餘歲

周宏正字思行汝南安成人梁普通中爲司議侍郎太平元年授侍中領國子祭酒陳武帝時爲大　詹事進尙書右僕射年七十九歲贈侍中中書監謚曰簡

周盤龍北蘭陵人宋泰始中以軍功封晉安子高帝即位進號右將軍進爵爲侯年七十九歲

韋叡字懷文京兆杜陵人仕齊爲右軍將軍梁武帝即位封永昌子進爵爲侯歷丹陽尹雍州刺史年七十九歲贈車騎將軍開府儀同三司謚曰嚴

傅昭字茂遠北地靈州人齊永明中爲尙書儀曹郎進

尚書左丞梁武帝天監中兼五兵尚書參選事年七十餘歲

徐陵字孝穆東海郯人仕梁爲尚書度支郎進左丞陳受禪加散騎常侍御史中丞後主朝遷光祿大夫太子少傅年七十七歲贈特進

徐孝克陵之弟陳文帝元嘉中除郯令貞明元年爲都官尚書入隋爲國子博士年七十三歲

孫謙字長遜東莞莒人仕宋爲句容令歷江夏太守梁天監中徵爲光祿大夫年九十二歲

顧越字允南吳郡鹽官人仕梁爲南平元襄王偉國右

常侍陳天嘉中詔侍東宮讀廢帝卽位拜散騎常侍
兼中書舍人黃門侍郎年七十七歲
以上南史列傳

北朝

于謹字思敬代人仕西魏爲雍州刺史封新野郡公周
孝閔帝時進封燕國公年七十六歲贈使持節太師
雍恒等二十州諸軍事雍州刺史謚曰文
刁廱字淑和勃海饒安人初仕後秦姚氏爲太子中庶
子後歸魏明元帝假廱建威將軍賜爵東安伯除薄
骨律鎭將年九十五歲謚曰簡

寇儁字祖儁上谷人仕魏爲鎮東將軍封安西縣男入周進爵爲子武成元年進驃騎大將軍開府儀同三司年八十三歲贈本官加冀定瀛三州諸軍事冀州刺史謚曰元

鄭述祖字恭文滎陽開封人仕東魏爲太常卿丞相右長史齊天保中歷太子少保左光祿大夫兗州刺史年八十一歲贈開府中書監北豫州刺史謚曰平簡

程駿字驎駒本廣平曲安人徙涼州北涼沮渠牧犍擢爲東宮侍講入魏爲著作郎歷散騎常侍賜爵安豊男贈兗州刺史曲安侯謚曰憲 按本傳獻文帝問駿年日六十一至孝文

帝太和八年駿尚無蓋距獻文末已十五年年近八十矣

斛律金字阿六敦朔州敕勒部人仕魏爲第二領人酋長金紫光祿大夫賜爵阜城男齊文宣受禪封咸陽郡王位太師年八十歲贈假黃鉞相國太尉公諡曰武

趙隱字彥深平原人仕魏爲水部郎轉大行臺都官郎中齊文宣受禪進司空司徒封宜陽王年七十歲

竇熾字光成扶風平陵人仕魏爲原州刺史爵廣平郡公周武成二年拜柱國大將軍年七十八歲

閻慶字仁度河陰人仕魏爲侍中周孝閔帝踐阼出爲

河州刺史拜大將軍進爵太安郡公年七十七歲

韋叔裕字孝寬京兆杜陵人少以字行仕魏爲軍司馬累遷至尚書右僕射封穰縣公周孝閔帝踐阼拜小司徒大象九年爲徐州總管行軍元帥年七十二歲贈太傅十二州諸軍事雍州牧謚曰襄

樊子蓋字華宗廬江人仕周爲郢州刺史隋文帝受禪以儀同領鄉兵徐樅陽太守大業中進光祿大夫爲東都留守進爵濟公謚曰景 按廬江縣志子蓋年七十二歲

沈重字子厚吳興武康人梁末爲國子助教魏平江陵留事梁主蕭詧周武帝保定末年朝京師授驃騎大

將軍開府儀同三司露門博士年七十六歲
樂遜字遵賢河東猗氏人仕魏爲子都督周文帝召遜
教授諸子大象二年進位大將軍年八十二歲
公孫景茂字元蔚河間阜城人仕周爲濟北太守隋仁
壽中拜淄州刺史年八十七歲
柳儉字道約河東解人仕周歷護伯大夫隋文帝受禪
拜水部侍郎大業中累進上大將軍年八十九歲
以上北史列傳
唐
屈突通昌黎徒河人徙家長安仕隋爲左驍衞大將軍

唐高祖朝拜兵部尚書封蔣國公貞觀初爲洛州都督年七十二歲贈尚書左僕射謚曰忠

尉遲敬德名恭以字行朔州善陽人仕隋爲朝散大夫入唐爲襄州都督累遷同州刺史年七十四歲贈司徒并州都督謚曰忠

李靖字藥師京兆三原人仕隋爲殿內直長唐高祖時以功授開府太宗朝爲西海道行軍大總管封衛國公年七十九歲贈司徒并州都督謚曰景武

高儉字士廉以字顯齊清河王岳之孫仕隋爲行軍司馬唐武德五年秦王領雍州牧薦士廉爲治中累進

尚書右僕射封許國公年七十一歲贈司徒并州牧
謚曰文獻
房玄齡字喬齊州臨淄人仕隋授羽騎尉唐武德中爲
右庶子太宗即位進中書令封梁國公年七十一歲
贈太尉并州都督謚曰文昭
蕭瑀字時文後梁明帝子仕隋爲河池郡守入唐授光
祿大夫封宋國公年七十四歲
虞世南越州餘姚人仕隋爲秘書郎入唐爲太子中允
太宗朝官至宏文館學士封永興縣子年八十一歲
贈禮部尚書謚曰文懿

李百藥字重規定州安平人仕隋爲禮部員外郎唐貞
觀中拜中書舍人進宗正卿爵爲子年八十四歲謚
曰康
褚亮字希明杭州錢唐人仕隋爲東宮學士唐貞觀中
累遷散騎常侍封陽翟縣侯年八十八歲贈太常卿
謚曰康
于志甯字仲謐京兆高陵人仕隋至內史舍人高祖入
關授行軍元帥府記室官至尚書左僕射同中書門
下三品封燕國公年七十八歲贈幽州都督謚曰定
趙宏智河南新安人仕隋爲司隸從事唐武德中大理

卿邴楚之白爲詹事府主簿進宏文館學士國子祭
酒年八十二歲謚曰宣
劉德威徐州彭城人大業末從裴仁基討淮賊後隨李
密入唐授左武侯將軍封滕縣公遷刑部尙書同州
刺史年七十一歲贈禮部尙書幽州都督謚曰襄
以上唐書列傳
五代
張全義字國維濮州臨濮人仕梁爲太尉河南尹入後
唐莊宗朝復爲忠武軍節度使檢校太師尙書令封
齊王年七十五歲贈太師謚忠肅

崔沂博州人唐末舉進士爲員外郎入梁爲禮部尚書後唐莊宗朝復判吏部年七十餘歲贈太子少傅

楊彥詢字成章河中寶鼎人後唐莊宗朝爲引進副使末帝用爲北京副留守入晉授華州節度使檢校太尉年七十四歲贈太子太師

李承約字德儉薊州人仕後唐爲左龍武統軍入晉授左驍衛上將軍封開國公年七十五歲贈太子太師

李周字通理邢州內邱人仕後唐歷徐安雍汴四鎮刺史入晉累官至檢校太師兼侍中年七十四歲贈太師

盧導字興化范陽人唐天祐初登進士後唐入晉官至
吏部侍郎年七十六歲

鄭韜光字龍府洛京清河人仕唐爲給事中入後唐及
晉官至戸部尚書年八十歲贈右僕射

馮道字可道瀛州景城人後唐武皇爲河東節度使時
監軍張承業薦道掌書記莊宗卽位拜戸部侍郎歷
晉漢入周官至太師中書令年七十三歲追封瀛王
諡曰文懿

段希堯河内人晉祖鎭太原辟爲從事仕漢入周官至
禮部尚書年七十九歲贈太子少保

邊蔚字德升長安人仕後唐爲許州戎判入晉漢及周
官至太常卿年七十一歲、
錢鏐杭州臨安人唐僖宗時浙東節度使董昌表爲杭
州刺史昭宗朝位至太師中書令本郡王入梁及後
唐爲吳越國王年八十一歲謚武肅、
以上五代史列傳
宋
藥元福并州晉陽人仕後唐及周官至檢校太尉宋初
加檢校太師年七十七歲贈侍中
向珙字星民懷州河內人仕漢及周爲河南尹宋初加

兼侍中封秦國公年七十五歲

王彥超大名臨清人仕晉及周官至檢校太師西面緣邊副都部署宋初加兼中書令封邠國公年七十三歲贈尚書令

張永德字抱一并州陽曲人仕漢入周爲忠武軍節度使太祖即位加侍中眞宗朝封衛國公年七十三歲贈中書令

趙普字則平幽州薊人仕周爲軍事判官太祖受禪以佐命功授右諫議大夫官至太師中書令封魏國公年七十餘歲贈尚書令封眞定王諡忠獻

劉廷翰開封浚儀人仕周爲散指揮第一直都知宋初遷鐵騎都指揮使官至天雄軍節度使年七十歲贈侍中

李瓊字子玉幽州人仕漢入周爲安州防禦使宋初爲太子賓客改右驍衛上將軍年七十三歲贈太子少保

郭瓊平州盧龍人仕唐及周歷絳蔡齊三州防禦使宋建隆三年告老加右領軍衛上將軍致仕年七十二歲

李萬超并州太原人仕晉及周歷秦鳳蘄登諸州團練

使宋初入爲右武衛大將軍年七十二歲

陳思讓字後己幽州盧龍人仕晉及周官至廣海軍節
度使宋初加檢校太傅年七十二歲贈侍中

焦繼勳字成績許州長社人仕晉及周官至彰武軍節
度使宋初爲右金吾衛上將軍年七十八歲贈太尉

王易簡字國寶京兆萬年人仕後唐及周以太子少保
致仕宋初召加太傅年七十九歲

張鑄字司化河南洛陽人仕梁及州官至秘書監判光
祿寺宋初加檢校刑部尚書年七十二歲

邊光範字子儀并州曲陽人仕後唐及周官至戶部侍

郎入宋拜御史中丞年七十三歲

程羽字沖遠深州陸澤人仕晉及周爲縣令宋太宗朝
官至兵部侍郎年七十二歲贈禮部尚書

張昭字潛夫濮州范縣人仕後唐及周官至兵部尚書
宋初拜吏部尚書封陳國公年七十九歲

薛居正字子平開封浚儀人仕晉及周官至刑部侍郎
入宋拜門下侍郎平章事加左僕射年七十歲贈太
尉中書令謚文惠

沈倫字順儀開封太康人仕周爲宋州觀察推官入宋
官至中書侍郎同平章事年七十九歲贈侍中謚恭

惠

宋琪字叔寶幽州薊人仕晉及周爲觀察判官宋乾德中召拜左補闕官至門下侍郎平章政事年七十九歲贈司空謚惠安

李昉字明遠深州饒陽人仕漢及周官至翰林學士宋初加中書舍人淳化中進中書侍郎平章事年七十二歲贈司徒謚文正

顏衎字祖德兗州曲阜人仕梁及周官至尙書右丞入宋爲工部尙書年七十四歲

劉可久字尙賢涿州范陽人仕後唐及周官至大理卿

入宋以光祿卿致仕年七十七歲

王明字如晦大名成安人仕周爲節度判官宋太宗朝

官至禮部侍郎年七十三歲

魏丕字齊物相州人仕周爲供備庫副使宋太宗朝領

郢州刺使遷左驍衛大將軍年八十一歲

解暉洛州臨洛人仕晉及周官至虎捷第一軍都虞侯

宋淳化中以右千牛衛上將軍致仕年八十歲

趙惟進澶州頓邱人仕周爲右千牛衛將軍宋太宗朝

知襄鄧二州年七十三歲贈右武衛上將軍

侯贇并州太原人仕周領三門集津發運使宋太宗朝

累遷大將軍知靈州年七十四歲贈本衛上將軍

范廷召冀州棗強人仕周爲殿前指揮使宋淳化中領河西軍節度使爲定州行營都部署加檢校太傅年七十五歲贈侍中

楊徽之字仲猷建州浦城人仕周爲右拾遺宋眞宗朝官至兵部侍郎年八十歲贈兵部尚書

喬維岳字伯周陳州南頓人周顯德中登第爲平輿令宋太宗朝官至太常少卿知開封府年七十六歲贈兵部侍郎

朱昂字舉之其先京兆人徙潭州仕周權楊子縣宋初

爲衡州錄事參軍眞宗朝官至工部侍郎年八十三

歲

以上宋史列傳

遼

韓延光字藏明幽州安次人仕唐爲觀察度支使入遼

太祖命參軍事以功拜左僕射封魯國公年七十八

歲

右遼史列傳

金

李師夔字賢佐奉聖州永興人仕遼爲本州麴監入金

爲節度使封任國公年八十五歲

左泌字長源薊人仕遼官至棣州刺史太祖平燕泌從其父企弓歸殿累遷陝西路轉運使封戴國公年七十四歲

張中彥字才甫其先自安定徙居長義堡中彥以父任仕宋爲涇原副將入金除招撫使進臨洮尹兼熙秦路兵馬都總管年七十五歲

耶律懷義遼宗室子以戰功遷點檢同知入金拜西南路招討使加尙書左僕射年八十二歲

張元素字子貞遼陽渤海人父匡仕遼至節度使元素

初以蔭得官入金授世襲銅州明安世宗朝官至戸
部尚書年八十四歲
任熊祥字子仁燕人遼天慶八年進士爲樞密院令史
入金累進鎭西軍節度使大定中加太子少師年七
十餘歲
范拱字清叔濟南人登宋進士第調廣濟軍曹入金除
淄州刺史進太常卿年七十四歲
傅慎微字幾先其先泰州沙溪人徙長安登宋進士第
累官河東路經制使入金官禮部尚書年七十六歲
以上金史列傳

元

張柔字德剛易州定興人仕金爲經略使入元進州榮祿大夫封蔡國公年七十九歲贈推忠宣力翊運功臣太師上柱國加封汝南王謚忠武

王玉趙州甯晉人金季爲萬戶入元加定遠將軍假趙州慶元軍節度副使年七十歲

趙迪眞定藁城人金末爲萬戶入元同知永安軍節度使事年七十歲

舒穆嚕拜達勒契丹人仕金爲霸州平曲人寨管民官入元擢爲千戶累進龍虎衞上將軍霸州等路元帥

年七十歲

王鶚字百一開州東明人金正大元年進士授應奉翰林文學入元為翰林學士年八十四歲謚文康

李冶字仁卿眞定欒城人登金進士第入元為翰林學士年八十八歲

李昶字士都東平須城人金末登進士第入元授翰林侍讀進禮部尚書年八十七歲

劉肅字才卿威州洺水人金定興二年詞賦進士入元為尚書省員外郎中統中官至商議中書省事年七十六歲

楊果字正卿祈州蒲陰人金正大間進士入元爲河南
稅課司經歷至元中官至懷孟路總管年七十五歲
以上元史列傳

明

朱升字允升休甯人元末舉鄉薦爲池州學正太祖下
徽州以鄧愈薦召問稱旨洪武元年進翰林學士年
七十二歲

宋訥字仲敏滑人元至正中舉進士任鹽山尹明洪武
初爲國子助教進文華閣大學士遷祭酒年八十歲

單安仁字德夫濠人仕元爲樞密判官太祖定集慶率

宗歸附命將其軍守鎮江官至兵部尚書年八十五歲

以上明史列傳

（元）謝應芳編

懷古錄　三卷

酌古準今本

先賢歙寶黃先生懷古鉨二一卷

較對無訛

光緒卯年
八月重刊

懷古錄序

昔司馬氏有國士大夫承漢東都流風往往以氣義相許雖一時禍起蕭墻流毒海內而縉紳衣冠出處去就未嘗不惓惓於名教如顧元公彥先之倫是已公吳人也仕晉與賀循紀瞻等齊名時號爲五儁元帝渡江王導以顧榮賀循此土之望勸帝引之以結吳心士大夫係人心趨向若是爲天下國家者其可不之務乎公墓在城東六里自晉迄今葢千有餘年墓旁有祠翳荒榛敗棘中愚民雜祀他鬼褻穢弗恭謝子蘭目覩汚黷走白長洲長周君曰此晉顧元公當時所謂鳳鳴朝陽者也祠墓所在荒穢若是君爲百里長獨不以化

民勵俗爲己任乎遂與偕至祠下拜謁卽黜其所謂淫祠者邑人張實承君意作新祠表其墓前南行臺侍御史鄱陽周公旣爲之記矣子蘭又徵詩於吳之能言者今古合體若干首曰懷古錄俾余序之昔唐狄梁公持節江南毀淫祠千七百止留夏禹吳泰伯季子伍員四祠元公在司馬氏之世其綱常變故有不可勝言者矣而公與賀循輩毅然以名教自任於天理民彝泯亂之秋古人所謂權而不失其正者蓋庶幾焉際此兵興日不暇給而儒者一言使晉名臣遺墓復完於千數百年後是舉也使狄公復生亦將韙之矣長洲大夫善政不一以不繫於祠事可畧云臨海陳基敬初氏撰

懷古錄一編毘陵謝君子蘭所輯也子蘭當元末避地中吳得晉侍中顧元公榮之墓於吳城東言於縣令封表之又復其祠之侵於雜祀者又輯史傳及諸賦詠爲此編夫晉名士出吳中者多矣子蘭獨惓惓於元公何哉葢有微意焉惜人弗之知耳永嘉之亂廣陵陳敏據江表以叛自稱楚公封十郡加九錫兄弟姻婭盤固州郡威逼士庶以爲臣僕元公亦嘗受其官爵既乃與諸義士畫策改圖誘而誅之撫定六州以資東晉之興致元公一生勳猷葢無出此至正之亂不類永嘉張士誠之叛不類陳敏而士誠又非廣陵之產乎當時三吳之士從士誠者豈無元公其人而無元公之舉此子蘭

所爲惓惓者與夫懷古所以悼今之不逮也或乃謂子蘭徒以桑梓之故表章之至謂元公出處有可議而不必錄皆非知子蘭者子蘭他所著述其言實而不靡正而不撓自信而不惑蓋布衣中奇士也由此錄觀之知其志有未伸者焉吳人朱性甫將梓刻之稍加釐正間奉以示予予竊窺子蘭之意如此又因以知古人作事非徒云爾不可以不白也明新安程敏政篁墩甫書

懷古錄序

鄉先賢子蘭公應芳世稱龜巢先生學者私謚文清湛恩十五世從祖也自晉太傅文靖公安相傳至宋迄明兩太傅踵起宋則惠正公深甫臨海人明則文正公遷餘姚人與吾祖道九公數敘宗盟敦夙好流寓於羅墅灣時吉水羅念菴贊善淇先避璫禍與本齋公偕隱於此從祖龜巢先生居橫山之麓公在元時值世變肥遯鳴高屢徵不起歐陽東鳳稱爲元之逸民明之天老洵不誣也公之避亂吳門也復晉侍中顧榮祠墓著懷古錄三卷先大夫聘授鄭州牧時得公後裔紫庭抄本錄之知是書未進四庫向無刻本珍輿務滋秘而

藏之年來擬以郡丞赴銓兹覲衰老遂不果行過横山橋訪
公後裔國藩出吾族中詒燕堂抄本龜巢詩文全稿與夫辨
惑思賢並懷古錄歸於余校之紫庭所藏無以異也斯集千
古後人等於名山之藏罔贅一辭爰序以冀青雲之附云從
裔孫謝湛恩露雲氏謹識

顧元公祖爲吳相國父爲吳郡守而已又爲吳黃門侍郎豈非世受國恩者哉一旦國亡主滅反面事讎殆不可以豫讓之所以報中行者例之也入洛之後割炙啖使而獲其報辭酒忘憂而免於危明哲保身謀猷宏遠追陳敏作亂陽附之而陰圖之忠貞之節策勵於艱難逼迫之中卒能羽扇一揮六州平定安晉室成功名君子以是多稱之若元公者可謂明於事機審於理勢困不易操守不失正者矣曠觀今古有幾人哉廟食千秋固其宜也此我龜巢公懷古錄所爲作歟銀臺公顧蕊子副揮條曾偕其族姪雲路請以是編壽梓因妄書數語於陳程二存後

道光二十一年歲次辛丑嘉平月厚菴謝蘭生敬跋

懷古錄目錄

卷一

史傳詩集圖經附・增入謝蘭生輯錄通鑑紀事本末記元公平定陳敏功烈一篇

卷二

復古始末

卷三

題詠

右錄三卷鄉賢謝子蘭先生懷吾祖元公而作也是錄族中南雅銀臺之子條曾副揮會先生裔孫厚菴司馬重刊於道光二十二年里人高承鈺跋云元季

不綱東南大亂如陳敏者所在多有先生山林人僅足爲張季鷹歸老鱸鄉耳乃當時縉紳達者莫能仗義建謀號召豪傑起爲廓清計或反貪活苟祿於張陳間以視元公除奸靖亂奚啻霄壤先生斯作所以愧勵之亦所以寓其志也厚菴前刋先生各集如辨惑編思賢錄崇祀錄龜巢詩文稿及是錄三卷咸豐庚申板悉燬底本俱存今辨惑編已付梓繼以是錄授雲曙雲曙亦元公裔孫故預讐校并增入厚菴輯著通鑑紀事本末記元公平定陳敏功烈一篇於後

光緒建元歲次乙亥正月鄉後學顧雲曙霞軒拜跋

懷古錄卷之一

毘陵謝應芳

應芳嘗讀晉史慕顧元公之爲人蚤負盛名爲世所重遭天下亂與時沉浮然所守者不失其正卒能立奇功全大節垂令名於無窮可謂明智之士矣或者以不能早退議之是大不然張季鷹嘗曰有四海之名者求退良難此蓋深相知之言也使當時昧于理勢微失進退之宜則羝羊觸藩徒膏斧鑕君子奚取焉吁今之時有能免禍立功卓卓如顧元公者曾不多見此區區懷古之意也掇拾

史傳裒爲一編并紀祠墓廢興之事云

元公本傳

顧榮字彥先吴國吴人也爲南土著姓祖雍吴丞相父穆宜都太守榮機神朗悟弱冠仕吴爲黄門侍郎太子輔義都尉吴平與陸機兄弟同入洛時人號爲三俊例拜郎中歷尚書郎太子中舍人廷尉正恒縱酒酣暢謂友人張翰曰惟酒可以忘憂但無如作病何耳會趙王倫誅淮南王允收允寮屬付廷尉皆欲誅之榮平心處當多所全宥及倫篡位倫子虔爲大將軍以榮爲長史初榮與同寮宴飲見執炙者貌狀不凡有欲炙之色榮割炙啗之坐者問其故榮曰豈有終日執

之而不知其味及倫敗榮被執將誅而執炙者爲督率救之得免齊王冏召爲大司馬主簿冏擅權驕恣榮懼及禍終日昏酣不綜府事以情告友人張樂馮熊熊謂冏長史葛旟曰以顧榮爲主簿所以甄拔才望委以事機不復計南北親疏欲平海內之心也今府大事殷非酒客之政旟曰榮江南望士且居職日淺不宜輕代易之熊曰可轉爲中書侍郎榮不失清顯而府更收實才旟然之白冏以爲中書侍郎在職不復飲酒人或問之曰何前醉而後醒邪榮懼罪乃復更飲與州里揚彥明書曰吾爲齊王主簿恒慮禍及見刀與繩每欲自殺但人不知耳及冏誅榮以討葛旟功封嘉興伯轉太子

中庶子長沙王乂爲驃騎以榮爲長史乂敗轉成都王穎丞相從事中郎惠帝幸臨漳以榮兼侍中遣行園陵會張方據洛不得進避之陳留及帝西遷長安徵爲散騎常侍以世亂不應遂還吳東海王越聚兵於徐州以榮爲軍諮祭酒屬廣陵相陳敏反南渡江逐揚州刺史劉機丹陽內史王曠阻兵據州分置子弟爲列郡收禮豪桀有孫氏鼎峙之計假榮右將軍丹陽內史榮數踐危亡之際恒以恭遜自免會敏欲誅諸士人榮說之曰中國喪亂胡夷內侮觀太傅今日不能復振華夏百姓無復遺種江南雖有石冰之寇人物尚全榮常憂無竇氏孫劉之策有以存之耳今將軍懷神武之略有孫

吳之能功勛效於邑著勇略冠於當世帶甲數萬軸轤山積上方雖有數州亦可傳檄而定也若能委信君子各得盡懷散帶芥之根塞讒諂之口則大事可圖也敏納其言悉引諸豪族委任之遣甘卓出橫江堅甲利器盡以委之榮私與卓曰若江東之事可濟當共成之然卿觀事勢當有濟理否敏既常才本無大略政令反復計無所定然其子弟各已驕矜其敗必矣而吾等安然受其官祿事敗之日使江西諸軍函首送洛題曰逆賊顧榮甘卓之首豈惟一身顛覆辱及萬世可不圖之卓從之明年周玘與榮及甘卓紀瞻潛謀起兵攻敏榮發橋斂舟于南岸敏率萬餘人出不獲濟榮麾以羽扇

其衆潰散事平還吳永嘉初徵拜侍中行至彭城見禍難方
作遂輕舟而還語在紀瞻傳元帝鎮江東以榮爲軍司加散
騎常侍凡所謀畫皆以諮焉榮既南州望士躬處右職朝野
甚推敬之時帝所幸鄭貴嬪有疾以祈禱頗廢萬機榮上牋
諫曰昔文王父子兄弟乃有三聖可謂窮理者也而文王日
昃不暇食周公一沐三握髮何哉誠以一日萬機不可不理
一言蹉跌患必及之故也當今衰季之末屬亂離之運而天
子流播豺狼塞路公宜露營野次星言夙駕伏軾怒蛙以養
勇士懸膽於庭以表辛苦貴嬪未安藥石實急禱祀之事誠
復可修豈有便塞參佐白事斷賓客問訊今彊賊臨境流言

滿國人心萬端去就紛紜願冲虛納下廣延儁彥思晝今日之要塞鬼道淫祀宏九合之勤雪天下之恥則群生有賴開泰有期矣時南士之士未盡才用榮又言陸士光貞正淸貴金玉其質甘季思忠欵盡誠膽幹殊快殷慶元質畧有明規文武可施用榮族兄公讓明亮守節困不易操會稽楊彥明謝行言皆服膺儒教足爲公望賀生沈潛靑雲之士陶恭兄弟才幹雖少實事極佳凡此諸人皆南金也書奏皆納之六年卒官帝臨喪盡哀欲表贈榮依齊王功臣格吳郡內史殷祐牋曰昔賊臣陳敏憑寵藉權滔天作亂兄弟姻婭盤固州郡威逼士庶以爲臣僕於時賢愚計無所出故散騎常侍安

東軍司嘉興伯顧榮經德體道謀猷宏遠忠貞之節在困彌厲崎嶇艱難之中逼迫姦逆之下每惟社稷發憤忼愾密結心腹同謀致討信著羣士名貫東夏德聲所振莫不響應荷戈駿奔其會如林榮躬當矢石爲衆率先忠義奮發忘家爲國歷年逋寇一朝土崩兵不血刃蕩平六州勳茂上代義彰天下伏聞論功依故大司馬齊王格不在帷幕密謀參議之例下附州征野戰之比不得進爵拓土賜拜子弟遐邇同歎中表失望齊侯親則近屬位爲方嶽仗節握兵都督近畿外有五國之援內有宗室之助稱兵彌時役連天下元功雖建所喪亦多榮衆無一旅任非藩翰孤絕江外王命不通臨危

獨斷以身徇國官無一金之費人無終朝之勞元惡既殄高
尙成功封閉倉廪以俟大軍故國安物阜以義成俗今日匡
霸事舉未必不由此而隆也方之於齊强弱不同優劣亦異
至於齊府參佐扶義助强非創謀之主皆錫圭受瑞或公或
侯檠首建密謀爲方面盟主功高元帥賞裨下佐上虧經國
紀功之班下孤忠義授命之士夫考績幽明王教所崇況若
檠者濟難寧國應天先士歷觀古今未有立功若彼酬報如
此者也由是贈檠侍中驃騎將軍開府儀同三司謚曰元及
帝爲晉王追封爲公開國食邑檠素好琴及卒家人常置琴
於靈座吴郡張翰哭之慟既而上床鼓琴數曲撫琴而歎曰

顧彥先復能賞此否因又慟哭不弔喪主而去子毘嗣官至散騎侍郎

王導傳畧節

王導字茂宏元帝爲瑯琊王與導素相親善導知天下亂傾心推奉徙鎮建康吳人不附居月餘士庶莫有至者帝觀禊吳人紀瞻顧榮皆江南之望竊瞻之導進計曰古之王者莫不賓禮故老況天下喪亂九州分裂大業草創急於得人者乎顧榮賀循此土之望莫若引之以結人心二子既至則無不來矣帝乃使導造循榮二人皆應命

薛兼傳

薛兼字令長少與同郡紀瞻廣陵閔鴻吳郡顧榮會稽賀循齊名號爲五儁初入洛張華見而奇之曰皆南金也

褚陶傳

褚陶字季雅吳郡錢塘人張華見之謂陸機曰君兄弟龍躍雲津顧彥先鳳鳴朝陽謂東南之寶已盡不意復見褚生

張翰傳

張翰字季鷹齊王冏辟爲大司馬東曹椽冏時執權翰謂同郡顧榮曰天下紛紛禍難未已夫有四海之名者求退良難吾本山林間人無望於時子善以明防前以智慮後榮執其手愴然曰吾亦與子采南山蕨飲三江水耳

甘卓傳

甘卓字季思見天下大亂棄官東歸至歷陽與陳敏相遇敏甚悅共圖縱橫之計遂爲其子景娶卓女深相結託會周玘倡義密使錢廣攻敏弟昶敏遣卓討廣頓朱雀橋南會廣殺昶玘告丹陽太守顧榮共邀說卓卓素敬服榮且以昶死懷懼良久乃從之遂詐疾迎女斷橋收船南岸共滅敏

周玘傳

周玘字宣珮與顧榮甘卓等以兵攻敏敏衆奔潰單馬北走獲之於江乘界斬於建康夷三族

紀瞻傳

紀瞻字思遠太安中棄官歸家與顧榮共誅陳敏召拜尚書郎與榮同赴洛在途共論易太極榮曰太極者蓋謂渾沌之時曚昧未分日月含其輝八卦隱其神天地混其體聖人藏其身然後廓然既變淸濁乃陳二儀著象陰陽交泰萬物始萌六合開拓老子云有物混成先天地生誠易之太極也而王氏曰太極天地愚謂未當夫兩儀之謂以體爲稱則是天地以氣爲名則名陰陽今若謂太極爲天地則是天地自生無生天地者也老子又云天地所以能長且久者以其不自生故能長久一生二二生三三生萬物以資始沖氣以爲和原元氣之本求天地之根恐宜以此爲準也瞻曰昔庖犧畫

八卦陰陽之理盡矣文王仲尼係其遺業三聖相承共同一致稱易準天無復其餘矣夫天清地平兩儀交泰四時推移日月輝其間自然之數雖經諸聖孰知其始吾子云曚昧未分豈其然乎聖人人也安得混沌之初能藏其身於未分之內老氏先天之言此蓋虛誕之說非易者之意也亦謂吾子神通體解所不應疑意者直謂太極盡之稱言其理極無復外形外形既極而生兩儀王氏指向可謂近之古人舉至極以為驗謂兩儀生於此非復謂有父母若必有父母非天地其孰在榮遂止至徐州聞亂日甚將不行會刺史裴盾得東海王越書若榮等顧望以軍禮發遣乃與榮及陸玩等各解

船棄車馬一日一夜行三百里得還揚州

陳敏傳

陳敏見國中大亂收兵據歷陽會吴王常侍甘卓自洛至教卓假稱皇太弟命拜敏爲楊州刺史并假江東首望顧榮等四十餘人爲將軍郡守榮等僞從之敏爲息娶卓女相爲表裡楊州刺史劉機丹陽太守王廣等皆棄官奔走敏弟昶知榮等有貳心勸敏殺之不從昶將精兵數萬據烏江弟恢等據有吴越敏稱楚公封十郡加九錫東海王軍諮祭酒華譚聞敏自相署置而顧榮等悉受敏官爵乃遺榮書周玘顧榮之徒常懼禍敗及得譚書皆有慚色玘榮遣使密報征東大

將軍劉準遣兵臨江已爲內應準遣揚州刺史劉機等出歷陽敏使弟昶及將軍錢廣次烏江以距之又遣弟閎爲歷陽太守戍牛渚錢廣先勒兵在朱雀橋陳兵水南玘榮又說甘卓卓遂背敏敏率萬餘人將與卓戰未獲濟榮以白羽扇麾之敏衆潰散敏單騎奔江乘爲義兵所斬毋及妻子皆伏誅

戴洋傳

戴洋字國流善風角陳珍問洋曰人言江東當有貴人顧彥先周宣珮當是不洋曰顧不及臘周不見來年八月榮果以十二月十七日卒十九日臘玘以明年七月晦亡

賀循傳

賀循字彥先元帝遷鎮東大將軍以軍司顧榮卒引循代之

宋史禮志

晉武帝咸寧四年詔曰此石獸碑表既私褒美興長虛偽傷財害人莫大於此一禁斷之其犯者雖會赦令皆當毀壞至元帝大興元年有司奏故驃騎府主簿故恩營葬舊君顧榮求立碑詔特聽立自是後禁又漸頹大臣長吏人皆私立義熙中尚書祠部郎中裴松之又議禁斷於是至今

陸機贈尚書顧彥先詩二首

大火貞朱光積陰熙自南望舒離金虎屏翳吐重陰凄風迕時序苦雨遂成霖朝游忘輕羽夕息憶重衾感物百憂生纏

綿自相尋與子隔蕭墻蕭墻隔且深形影曠不接所託聲與音聲音日夜濶何用慰吾心

朝游游層城夕息旋直廬迅雷中宵激驚電光夜舒元雲拖朱閣振風薄綺疏豐注溢修霤潢潦浸階除停陰結不解通衢化爲渠沈稼湮梁潁流民泝荆徐眷言懷桑梓無乃將爲魚

陸機爲顧彥先贈婦詩二首

辭家遠行游悠悠三千里京洛多風塵素衣化爲緇脩身悼憂苦感念同懷子隆思亂心曲沈歡滯不起歡沈難尅興心亂誰爲理願假歸鴻翼翩飛浙江汜

東南有思婦長歎充幽闥借問歎何爲佳人眇天末游宦久不歸山林脩且濶形影參商乖音息曠不達離合非有常譬彼弦與括願保金石軀慰妾長飢渴

陸雲爲顧彦先贈婦詩二首

悠悠君行邁煢煢妾獨止山川安可踰永路隔萬里京室多妖冶粲粲都人子雅步擢纖腰巧笑發皓齒佳麗良可羡衰賤焉足紀遠蒙眷顧言銜恩非望始

浮海難爲水游林難爲觀容色貴及時朝華忌日晏皎皎彼姝子灼灼懷春粲西城善雅儛總章饒清彈鳴簧發丹脣朱絃繞素腕輕裾猶電揮雙袂如霧散華容溢藻幄哀響入雲

漢知音世所希非君誰能讚棄置北辰星問此元龍煥時暮
復何言華落理必賤

吳郡志

上將軍顧榮墓在吳縣東南一十七里

顧顯字孟著雍諸孫而榮兄子也少有名望爲散騎侍郎

吳郡圖經續記

太湖中有三山白波天合三點黛色陸士龍贈顧彥先詩云
我家五湖陰君住三山陽是也

和顧彥先婦答夫二首效陸士龍

屏山集南宋天台戴復古式之譔

北風吹歲暮空閨獨棲止夙興淚盈掬夕息夢千里妾生胡不辰失身從浪子嚼蘗苦我心餐氷噤我齒離異何足愁險澀可勝紀寄書西飛雁反覆話終始鼠璞竊美名冠玉假外觀良人誇意氣下妾愁歲晏念君始行邁雪嶺梅初粲春風桃已紅光陰等飛彈相思果如何金環寬玉腕昔爲連理枝今作搏沙散惜哉牛與女脈脈阻河漢特棲良獨難守堅祇自讚雙劍幾時合寄聲問華煥勿聽五羊歌富貴忘貧賤江山阻且長矯首鄉關隔空閨泣幼婦顦顇失顏色隱閔鵲

嗚篇寄彼西飛翼剌封覽情素既喜復悽惻别時梅始花傷今食梅實覽古帝王州結交游俠窟千金沽美酒一飲連十日春風吹酒醒始知身是客杜宇啼一聲行人淚横臆衣破誰與紉髮垢孰與櫛勿謂游子心而不念家室新交握臂行肝膽猶楚越醜婦隔江山千里情弗絶慇懃揮報章歸計何時决今夕知何夕覩此纖纖月此月再圓時門前候歸轍

謝蘭生輯錄通鑑顧元公平定陳敏功烈紀畧

義陽蠻張昌作亂起於晉惠帝太安二年之夏五月時諸王分爭中原板蕩昌因憚征之民扇聚攻掠衆至十三萬豎牙旗鳴鼓角震怖江夏舊姓不從賊者惟江安令王偃秀才呂狌耳石冰爲昌梟將陳貞陳蘭張甫封雲等佐逆陷郡邑遂跨帶五州樹立牧守然其徒皆烏合易離極其鋒距不過絳頭毛面（衆皆絳幘以馬尾作髯）跳刀走戟所謂盜桀小人無能爲也陶侃出征張昌沉竄陳敏益兵冰雲並斬及下雋被擒昌誅三族廬江陳敏少有幹能以討石冰等功爲廣陵相窺天子出幸圖據江東父怒滅門去職憂卒不忠之人先蹈不孝焉能

舉大事乎顧榮賀循周玘皆江南首望敏强官之循服寒食散露髮袒身乃免郭欽蔣詡其風庶幾榮等維縶秩命形迹若濡然慕義畏敗情無日忘華譚遺書責以大分懷慚變色起而圖敏甘卓者寧之曾孫憤亂棄官志非庸下遇敏歷陽今和州縱横計合乃結婚姻相服從顧榮周玘危言正詞其意立悟迎女斷橋收船南岸顧榮羽扇一麾大衆潰散獲敏江乘夷斬建業華譚笑敏欲躡桓王蹈大帝事必不成其言果然華譚引義高論顧榮即本其旨以說卓吳會仁人口古之力賢於甲兵然則名士如顧榮諸人何嘗負晉哉

懷古錄卷之一終

懷古錄卷之二

毘陵謝應芳編

至正甲辰秋應芳避兵東吳聞郡城之東地方五六里名顧欒墓卽晉驃騎將軍佳城也因往弔之觀夫壟地侵削祠廟荒廢且有土地神夫婦之像與將軍並坐而居右焉詢之村老則曰土地祠初在他處泰定間屋壞里人移置此耳余於是太息而歸明年春具呈長洲縣幸而縣令周君是予言撤去妖像命有力者修飾廟貌事畢予常欲後之人知所嚮慕祠而葺之故述其始末筆之左方

呈縣請脩葺顧元公祠墓文

吳江路學儒人謝應芳謹呈長洲縣嘗謂古昔名賢合奉烝嘗之禮世俗淫祀豈容混雜其間風化所關事宜改作切見晉散騎常侍贈侍中驃騎將軍開府儀同三司顧元公相門華裔文武全才當時與陸機陸雲並稱三俊王導慕江南之望張華號南金之奇以樂道而鼓琴能知人而賜炙平六州之大亂成一代之奇功其他勲業具載信史祭典曰有功于民則祀之若元公之賢理宜廟食今墓在長洲縣二十九都皇天蕩南舊有祠堂爲鄉里奉嘗之地近被一等無知小民將本處廢廟中土地神像移入本祠夫婦並列玉石混淆惑

亂觀聽于理未應如蒙官爲致祭撤去續添妖像禁斷樵牧整葺祠宇非惟尊先賢斥淫祀以明禮法且能正人心厲風俗有裨治道爲此合行具呈伏乞照驗施行須至呈者至正二十五年三月

謁周縣尹啓

寓吳門布衣謝應芳啓言念孔北海表鄭公鄉人皆起敬文潞國題明道墓學者知歸蓋追敬于儒先實有裨千風化敢持尺牘用徹琴堂伏念應芳老不趨時心猶好古覧中吳之勝槩訪前代之名賢笠澤西頭皇天蕩烟波相接葑門東畔顧將軍丘壠猶存叢祠倚馬鬛之封荒草沒龜趺之石每經

此地常念斯人生爲吳相之孫死有元公之謚華亭二陸初齊名得三俊之稱白羽一揮獨仗義平六州之亂晉史備書其勳業吳儂尚保其祠塋但每歲之烝嘗欠有司之籩豆不揣效豐干饒舌敢云煩陶令折腰蘋蘩式薦于鬼神桑梓愈加其恭敬此非違道以干譽幸不以人而廢言恭惟某官以董賈之才爲卓魯之政乃氷其清乃玉其白如絃之直如鏡之明見義勇爲當仁不讓有民人有社稷國家委任之隆教禮樂敎詩書流化承宣之急行書上考荐見高遷應芳漂泊長洲蕭條短褐投老二天之下知名兩月之間其言至公而無私其事似緩而實急生芻一束其人如玉望喬仙雙舃之

鳧寒鴉數點流水孤村弔華表千年之鶴其諸頌禱罔既敷陳謹奉啟并錄弔墓詩及元公事蹟詣琴堂以聞伏惟台慈俯賜鑒念不宣謹啟至正二十五年三月、

周縣尹祭元公祠文

惟大元至正二十五年歲次乙巳六月二十日甲子長洲縣尹兼管內勸農事知渠堰事周舜臣敬以香茗服脩之奠昭告于元公之靈曰盛德之士使人後千載而興起者其信然乎猗歟元公才兼文武其文也世稱三俊爲當代之儒宗其武也羽扇一麾走六州之豺虎醉非嗜酒免禍驕主醒非沽名赤心自許抗疏補袞職之闕擇賢進邦國之輔史不一書

勳業昭著世徒知思尊而歸者之爲高而不知采蕨南山之言先入乎其肺腑故公之歿特爲公鼓琴而悲慟哭而去也瞻兹長洲實公鄉土桑梓之恭墓有祠宇何物地靈混此室處斥而去之陳我簋簠悵烟塵之滿眼懷清風之白羽尙公有神以福黎庶尙饗

于周侍御作碑文書

應芳毗陵鄙人也逃難異鄉百事踈嬾惟好古之念根于其心老而彌篤遇有感觸奮然欲爲力雖不足亦必假手于人卒于成而後已今有一事復因人就緒輒敢具述顛末爲閤下陳之應芳僑居葑門適與顧元公之墓相近地方五六里

俗稱顧榮墓是以知之旣知之數往弔而問焉夫元公晉之名臣也其勳業家世詳見史編晉懷帝永嘉六年十二月十七日卒于官迄今凡一千五十餘載碑表雖失丘壟尚存土人以其地如鳳凰形名鳳凰嶺前有二墩峙立左右叢祠一區爲鄉里奉嘗之地其來遠矣近有無知氓畀置土地祠塑像數輩列並其中其荒繆淫褻有不可勝誅者以應芳一介之微莫能改作是用言諸長洲縣令周君君博雅而文方其視政之初力行古道故聞而喜之遂與應芳展墓且詣祠奠謁爲文告之曰何物地靈混此室處旣而令方議斥去淫祠釐葺祠宇邑人張實乃樂成賢令之志輸財效力惟命是從

圬人梓工並手偕作瓦甓之毀者易之棟宇之朽者新之像設供具門垣墓表靡不完好二墩則各植梧桐一株名雙梧墩葢以張華嘗稱公爲朝陽之鳳及墓名鳳嶺故也月餘畢工令復躬祭祠下麗牲有碑宜勒文以發昔賢之幽光而周令亦牽聯得書然必求大手筆爲之斯爲不朽矣惟閣下碩德令望爲今儒宗典雅之文追古作者若篆隸之妙則雖秦丞相漢中郎並駕而馳吾不知其孰先而孰後也兵革以來諸老凋謝所謂斗南一人而已惟閣下追念前脩賜之述作并爲揮灑使刻之堅珉則詞翰兩全焜煌丘壟將見士大夫爭先摹寫以廣其傳則元公之勲業聞望益著于青史之外

矣應芳又嘗 公之宋書晉武帝禁立碑表著于令甲至元帝時驃騎府主簿故恩葬舊君顧榮請爲立碑詔特從之然則今閣下之文繼美千載可謂無愧焉耳如應芳區區龜巢在往歲猶蒙黼黻剏斯文之傳有補風化閣下豈不樂成其美邪此所以不揆僭越拜書閣下意閣下之必毋却也輕瀆崇嚴無任悚息應芳再拜

重修祠堂碑

吳城之東六里有邱焉曰晉散騎常侍顧元公之墓公諱榮字彥先吳人也仕晉累官至散騎常侍封嘉興郡伯卒于永嘉六年十二月贈侍中驃騎將軍開府儀同三司謚曰元後

追封公至是千有五十四年吳人謂顧榮墓者是也以其地形如鳳又相傳曰鳳凰嶺云墓前有祠前代所建歷年滋多屢修屢圮蚩甿雜祀它鬼其中褻而不虔過者病之毘陵儒老謝應芳避地其側睹茲汙黷惕焉不寧適眞定周君舜臣來爲長洲令君讀書化民知所先務應芳請焉君曰我之責也遂偕詣墓祠展敬乃黜淫祀惟新是圖邑人張實惟命是從徵工庀材更朽易橈塡甓葺缺新像設具器用階庭門墉秩然完飭祠前二墩植以梧桐名雙梧墩以張華嘗稱公爲鳳鳴朝陽也踰月訖工周君祗奠而妥靈焉它日應芳介江東文士薛毅夫熊進德謁文于麗牲之碑遂諾予按晉史公

機鑒絶人器識超遠有文武長材始與陸機兄弟入洛號三
俊方歷朝署值宗室相殘宫輿播遷進退觸籓惟以沈酣晦
迹崎嶇而南屬廣陵相陳敏阻兵稱據歷陽姻族盤固志在
躡武孫氏鼎峙而國公乃頓首受職佯順風旨潛誘同心昭
諭大義羽扇一麾狂豎烟散而七八州帖然雖周玘紀瞻甘卓
輩合謀協力然非公之言行素孚忠憤感動親冒矢石爲衆
率先曷能有濟遂使東南人有所綴系而司馬氏不絶如綫
之緒復延百有餘載其功爲何如哉司徒王導表江南之望
躬致賓禮以振士衆進讜軍國以定大業觀其陳諫薦才孜
孜採弊則其平昔所蘊豈浮虚蕩軼清談惑世者比哉或曰

賀循與公齊名望士陳敏之亂循以老疾不起何也夫人品雖同才智各異守道者以全身爲潔徇義者以致身爲忠未易以輕重之也公之卒也引循從之而終不就亦足以知其志勸善懲惡人心所同不以古今而有間永嘉之際運祚屯戹其姦詭險鷙擅權流毒者後世唾斥不翅鬼蜮若公之忠義而功在天下者至今人所追慕睠睠不已此豈人力所致哉記曰以勞定國則祀之顧公之功宜秩祀典其可緩乎作迎送神詞書詒吳民俾歌以祀焉其詞曰

羣嶽之望兮岱宗南土之望兮疇公岱之雲雨兮歲以豐公之倡義兮功無窮邑有賢宰兮新其宮萃吳民兮潔齊以恭

千載一日兮人心同樵蘇遠跡兮馬鬣其封鳳凰翽翽兮棲其雙桐吳人追慕兮嘉慶是蒙教我以忠兮繄誰之功

大元至正二十五年歲在乙巳仲冬朔旦資政大夫江南諸道行御史臺侍御史鄱陽周伯琦撰并書

立碑祭文

維年月日長洲縣尹周舜臣謹以清酌庶羞之奠告于晉散騎常侍贈侍中驃騎將軍開府儀同三司顧元公之靈曰昔典午氏碑表有禁勒石公墳勳業昭甚事傳信史后以何時走尹茲邑永言懷思爰葺祠宇籩豆載陳祀神有詩刻諸堅珉峴山之碑令人墮淚吳人于公比峴何異惟公有靈陰騭

吳人克文克武無愧先民尚饗

建鳳嶺精舍疏

竊見晉散騎常侍贈侍中驃騎將軍開府儀同三司顧元公墓在葑門之東以其地如鳳形相傳爲鳳凰嶺是也今祠宇碑表賴長洲縣令周君爲之一新應芳尚慮守墓愚甿多有褻瀆業欲建鳳嶺精舍及置田數十畮以供祭祀曰祠曰墓用皆屬之本縣籍而主之敢覩當進者大人君子及鄉邑好義之士相與作成完則立石紀載以傳不朽

伏以顧將軍才兼文武平六州大亂於當時晉元帝恩錫褒封垂千載令名於斯世睠茲故國存乃佳城祠堂重葺以暈

飛華屋更新而鶴立必烝嘗之有主庶樵牧之無侵今將築
精舍以植雙梧并欲置祀田以供蘋藻非助我者孰能爲之
得西疇連鳳嶺之雲看此屋有鳩工之日生封侯死廟食赫
赫厥聲上碧落下黄泉洋洋如在尙祈神相以福邦家

干陳學士作懷古錄序啟

寓吳門布衣謝應芳啟言念懷賢千古聊綴續夫前言借重
一詞庶流傳于後世竊有請也能勿誨乎睠我楚狂久客吳
下過鳳凰嶺顧彥先之墓有感而傷情傾鸚鵡洲李太白之
詩長歌而擊節甚矣疾薰猶同器忍乎隨桃李不言籩豆既
請于有司丹青乃新其遺廟屏除妖像祭掃佳城諸縉紳皆

爲之詠歌凡樵牧則嚴于禁約載嘘藜燄用寫蒲編于以發潛德之光于以紀廢興之事過雷門持布鼓敢曳長裾挟雲漢分天章煩揮健筆所願如景星快覩勿辭以明月暗投恭惟某官風雲壯懷湖海豪氣居玉堂之署人慕登瀛袖石室之書自當名世爲士林之冠冕演王國之經綸目短曹劉汗流籍湜大鵬九萬里方當直上之秋黃河三千年會有重清之日前程遠大吾道光榮應芳不揣迂疎倘希題品製芰爲衣紉蘭爲佩潔身幸免于塵紛登山采玉入海求珠妄意自期于梱載其諸頌禱罔既敷陳謹奉啟并懷古錄一帙躬詣階墀以聞伏惟台慈鑒察不宣謹啟至正二十六年八月

諸士友贈周縣尹詩序

李繹字叔成

自余分教長洲其士猥稱余文宜敘事凡徵製作者歸焉去歲夏五余至自吳興適令尹周侯甫下車政化一新余固已私喜之第愧未及一卽也今年春友王士能氏過余請曰令尹政化日隆子亦聞而知之乎蓋其平日爲學深得體要故能聞義必徙見善必爲所至政聲洋溢今觀修祀前代名臣則其政化之實可見矣是皆所在當書幸勿辭余按晉散騎常侍顧元公墓在吳城東六里墓之西有祠中塑元公像祀千載近有老儒卽其墓而觀則樵牧洊臻耕者或侵其域及造其祠則巫巳奉他鬼雜祀其中俾不得專老儒惻然以聞

于侯侯即命駕往觀命邑人張實修其墓及其祠逐他鬼于
邃遠而使千載之祀復隆今日謂非聞義必徙見義必爲可
乎余用是于士能之言益信矣抑又考天前政焉引進使馬
公尹茲邑出郊觀省抵甫里見唐龜蒙陸先生祠屋爲里僧
所據公乃諭僧還屋而遷佛他寺俾學官春秋致祭不衰今
周侯脩祀元公其于前政有光也哉教諭吳可玉率士之能
詩者咸詠歌之余因序其編之首侯眞定人元凱其字今年
爲至正二十六年歲次丙午三月辛卯薊人李繹序

懷古錄卷之二終

懷古錄卷之三

毘陵謝應芳編

徃予弔墓之初嘗口占一詩曰白髮吳儂說姓名將軍墓近閶閭城徵車入雒稱三俊制衮知人得再生江月似留麈扇影松風猶作鼓琴聲停舟一醉蘋花渚野鶴飛來躑躅鳴後持啟并詩謁周令令讀詩嘉歎言聽事行悉如所請旣而士大夫又從而歌咏之今家傳人誦益以知元公之賢而加其祠鄉之愛焉吁詩之有感于人也如此此予所以博采名作以示將來

趙郡蘇大年昌齡

江左諸賢久見推南金聲望後何疑功存羽扇麾兵日義重賓筵啖炙時兩府不辭終日醉一琴惟有古人知野烟荒草堂封在不見當年墮淚碑

淮海秦約文仲

將軍入洛氣如虹惟有機雲出處同望重青編號三俊手麾白羽却羣兇薦賢報國艱虞際避禍逃名麴蘗中想得墓門寒食近梨花無語怨春風

熊進惪元修

內難淸來外侮平一醒一醉事機成難以嚋昔功臣格豈是

壽常酒客名宰樹幾年無厲禁庭蘭何代斬家聲永池金甲
塗聞久莫露精潑起世情

南蘭陵徐環伯樞

常侍墳頭落日陰斷碑橫道蘚痕深全生昔日曾分炙弔古
而今誰撫琴白羽一麾天下計輕舟南下故園心春風欲采
南山蕨惟恨蕭蕭雪滿簪

婁東管壽昌伯齡

元公非酒客托酒以忘憂出處同三俊安危係六州斧封墳
尚在扇渡水空流今日江南望瑯琊早見收

松江杜夢文仲章

將軍心事竟何如醉裡艱危意有餘豈謂便膺陳敏爵幡然遠愧華譚書夕陽野草埋宅穸寒食鶯花近閭閻祠下水聲今哽咽令人長憶扇麾初

華亭曹亭長通

晉代顧驃騎遺墓在長洲入洛稱二俊歸吳定十八州從容據壯志獻納見嘉謀令尹敦風化春秋薦庶羞

吳下毛世延

遺像堂堂烈丈夫晉家宗社賴持扶天風猶作琴聲響江月長懸扇影孤名望豈因王導重心情曾與季鷹殊我來弔古清秋裡荒塚尙存雙碧梧

霅溪華庸景中

年少徵車赴洛京機雲兄弟與齊名當時遊宦逢驕主每日忘憂賴麴生諤諤諫章傳晉史巍巍邱墓近吳城秋風船過黃天蕩試買清樽爲一傾

永嘉戴昭時中

兩晉勲臣史著名六州恢復義爲城避艱縱酒元非亂匡國孤忠儼若生石表南金雄士望浪疑白羽讀軍聲江湖尙有思尊客祠下橫琴爲一鳴

會稽王翥元翬

荒久封門東有晉侍中墓憶麾白羽扇敏衆望風渡六州遂

平定日夜仍北顧元帝鎮江東慷慨陳王度于時屬播遷蛇豕久塞路非賴文武材生民曷由措珪組聯貂蟬冠蓋簉鵷鷺咸賴山公啟未已賈生疏天意斬中興薤葉盈白露張翰哭之慟豈爲鳴琴故吾人千載下徘徊鬱心素江寒嗷游鴻草暝走毚兎忠魂招不來扁舟泊烟樹

江陰吳吉惠廸

三俊齊名日機雲兩弟昆荒墳迷野草遺廟隔江村客灑鳴琴淚人懷錫衮恩只今誰弔古爲爾薦蘋蘩

崑山殷奎孝章

桓桓江左顧將軍酒客風流政不羣肯使首函題逆賊竟將

羽扇策奇勛殷祐抗殘開贈典啟恩承詔刻碑文今人高義

前賢並墓表重看倚夕曛

三山黃允中伯庸

一汀烟樹古祠空千載才名二陸同豈爲酒杯忘政事曾將

羽扇策神功勒碑誰表將軍墓啖炙猶欽義士風不用招魂

歌楚些欲尋張翰鼓絲桐

毘陵謝林瓊樹

曾于青史見奇功羣逆崩奔一扇風逃禍酒杯非落魄薦賢

書疏盡孤忠春風自老山中蕨今雨人憐冢上桐張翰不須

多慟哭丈夫生死氣如虹

兩晉山河事已非千年華表鶴來題自非醉裏爲身計寧免
生前觸禍機湖上烏鴉爭晚樹道旁翁仲泣秋暉只今四海
風塵滿願借將軍扇一揮

句吳楊在可文

常侍墳前落日低長林寂寂鳥空啼百年縱酒惟酣暢一榻
橫琴遽慘悽勳業不隨黃土盡聲名長與陸雲齊朝陽鳳去
遺音遠瞻彼雙梧思欲迷

山東王廓元舉

閶闔城外水村深常侍祠堂何處尋草暖禁垣春放犢風寒
宰木夜啼禽功名陳敏六州地心事張翰數曲琴一度舟行

一回首不堪寥落倍霑襟
元公籌策請間關沈湎壺觴避大難名出華亭二俊上勳成
羽扇一揮間豈知淫祀同遺廟無復居人識故顏千載江東
謝安石諸孫爲表墓前山

義興張緯德機

晉顧元公之隧宮近在葑門湖水東封樹傾摧廟易祀尙存
郡乘書奇功白羽一麾縣典午文采英聲照今古墓田合選
名山川寂寞江干居薄土榆莢飛錢寒食時壺漿誰洒草離
離玉凫石馬俱塵化唯聞月黑號狐狸謝君弔古淸淚墮復
祠禁樵牧神安妥卜兆應知郭景純千年義舉符王果

荆南周翥伯昂

江清木落秋氣澄扁舟慢作尋江行鳳凰嶺頭雲半横晉朝元公鬱佳城辟邪天祿埋榛荆蒼松老柏搖旂旌巋然廟宇幾變更堂堂遺像猶如生憶昔赴召如洛京機雲二俊成佳聲席間割彘啖使令豈期恩報過瑶瓊齊王擅權驕且矜沈酣避禍終朝酲中書一轉遂顯清酒知醒醉藏真情廣陵竊據心不寧吁嗟性命鴻毛輕友卓説敏功業成手持羽扇麾逆兵六州之寇不日平還吳擬結南山盟帝加常侍咨章程薦賢嫉惡推忠誠方期輔德俄萎傾季鷹大慟涕泗零牀琴一拂哀聲鏗青史千載遺斯名邇來廢享絶送迎雜以土怪

令人驚謝君往弔百感并申言邑宰驅其猙重與歲祀羔羊烹撞鐘擊鼓吹竽笙功烈已著潛幽銘忠精耿耿貫日星從茲廟祈永而宏以福邦國及爾氓

吳郡呂禎彥貞

晉室簪纓草莽中將軍此日信才雄聲名每被羣公辟勳業終非二陸同馬鬣新封當野渡龜趺片石倚秋風登臨落日增懷古極望長江際碧空

江陰陸洙宗魯

蔓草橫碑識姓名將軍德業使人驚百杯取醉防危禍一家留情繫死生洛下陸雲曾共入江南王導亦親迎英雄出處

眞如此愧我風塵白髮明

吳郡張簡仲簡

顧家廢家江城東顧家孫子春雲空顧家將軍居晉室金璫貂蟬冠侍中逥來一千幾百載靑史炳炳書精忠鵂鶹夜啼寒食雨躑躅春謝長洲風淒涼無人灑麥飯古隧日落行樵童長洲令尹美德化洒掃奔走田家翁復令荒祠嚴像設冠服粲粲輝靑紅毋煩祈年走巫覡不與他鬼盃盤同深仁厚德及朽骨奚止拯念疲氓窮我聞令尹古循吏作詩爲我歌成功

吳人徐賁

記得將軍入洛時賦歸胡比季鷹遲一身偶爲微恩脫百歲
能忘故國私遺塚雨深埋蔓草荒祠日暮宿狐狸長洲茂宰
饒清政獨向春風樹斷碑

蘇州聶鏞茂宣

兩晉諸陵久不存將軍祠壟在江村平生早著能文譽不死
終酬啖炙恩古屋塵埃侵畫壁斷碑風雨臥黃昏千年一遇
周明府廟貌重新與代論

介休王行止仲

典午已成兄弟難元公勳業幾人兼歛舟既巳收陳敏論易
何須屈紀瞻古廟凝塵方黯黯斷碑荒草自纖纖周君邑宰

知爲政起廢重教祀事嚴

琴川席應珍心齋

桓桓顧元公風裁冠當世抱此經綸才回適肯殫勤托興艮

有因沉湎豈其意全身匪貪生勵節存大志奮然起匡扶精

忠動天地羽扇纔一麾逆鼎悉沉沸六州復清泰晉室隆勿

替元勳著靑史千古永不墜吳岷仰豐烈曠世見高義哲人

旣云萎荒冢久蕪穢廟貌尤蕭條巍然介非類謝君操正論

慷慨上其事匪獨裨世教猶足厲狂猘周侯尹茲邑思治弗

遑寐慨然錄斯請風化實所繫非欲釣聲釆將以立忠例尚

友千古人卓卓拔其萃茲鄉君子林感歎服公議欣欣奉約

東輸財起羣廢棟宇復完好神靈妥其位亭亭雙梧桐泠露
挹新翠緬懷朝陽鳳其出世必治英魂不可作臨風發歔欷

邵禮

一麾便解誅陳敏啖炙酬恩事亦殊會與故人同入洛豈期
遺冢獨留吳衣冠寂寞江山改祠宇荒蕪歲月徂廟貌一新
崇祀典從茲令尹著嘉謨

毘陵謝木玉樹

長洲縣令心好古欲使勾吳變鄒魯昔賢聞有顧將軍持酒
去澆墳上土將軍祠堂誰混淆齊眉並坐土木妖勒移山靈
斥妖偶駿奔籩豆來官曹新祠奕奕煥丹碧華表峩峩亦重

植梧桐玉立鳳皇嶺鐫白字刻鼊趺石將軍事業載青史機
雲名齊功莫比大逆兵塵暗六州白羽一麾淨如水忠臣骨
朽已千載賢令祠之儼如在今人有似昔人賢吾今猶能敬
相待令乎令乎佳政多此事激俗揖餘波吳儂口碑終不磨
他年去思當若何

羽士李守元知白

一麾白羽六州平勛業昭昭在汗青伊昔季鷹能慟哭至今
威鳳想儀型雙墩繼植將軍樹片石重鐫御史銘賴有周侯
旌義節定應千古醉魂醒

婁東管嗣景先

晉室傾危際朝陽一鳳鳴假杯終日醉麈扇六州平廟食英
靈在堂封土壤傾謝君千載下懷古獨含情

崑山張舉

元公墳上草離離弔古令人有所思羽扇一麾師自潰瑤琴
三弄客空悲誰家童豎歌荒壟何物妖靈混故祠周尹謝君
能起弊令名同志麗牲碑

淮海馬麟公振

齊名三俊重南金授命艱危世所欽千載功名留羽扇一生
襟抱在瑤琴不因江上思蓴客那識山中采蕨心高塚青青
垂永久闔閭城外白雲深

遠禍全身醉不醒一朝談笑刼陳兵歸吳擬飲三江水入洛同誇二陸名落落襟懷誰與並桓桓英爽死猶生春風華表雙梧樹載聽朝陽鳳鳥鳴

毘陵謝應芳子蘭 暮春陪周明府過祠下立碑

皇天蕩上將軍樹樹下數家人姓顧行人遙指若堂封徃事猶論麈扇渡新祠畫藻烟霧濕古木垂蘿鬼神護長洲縣令枉高蓋短褐巢翁曳雙屨海棠正落臙脂雪山餅爲酧金盤露柱頭老鶴作人語道旁馴雉隨車駐吳趨一曲歌未終蜀魄數聲春又暮金戈鐵馬倘酣戰白羽清風復誰睹看碑莫恠客如雲彼君子兮眞可慕

熊進德元修 次韻

祠前重植梧桐樹千年古墓周郎顧楊柳青青三月三烟水茫茫渡旁渡當時競傳金盌出半夜寶無玉蛇護增封喜見若堂坊弔古何妨陪杖屨頭顱不入江西函忠義非如草頭露半山空翠竹初深滿地落花春且駐鳳兮鳳兮胡不歸時乎時乎又將暮銀鈎鐵畫碣新磨黃絹色絲文可覩悠悠廢興一時興古道令人俱景慕

謝林

白楊蕭蕭風滿樹赤縣官曹頻往顧人皆看立墓前碑我亦來呼江上渡鸞翔鳳翥篆籀文虎踞龍蟠神物護粉墻竹色

壟上衣陰磴苔花冷侵屨回視吳人古邱壟但遇樊崇皆暴露道旁或有翁仲立墓下曾無車馬駐將軍勛業昭今古鄉里烝嘗猶旦暮新祠奕奕燕相賀遺像巍巍人快覩綸巾羽扇儼如生千五十年天下慕

澄江吳吉

鳳凰嶺上鴟棲樹過客停驂屢回顧寒烟衰草古時墳野水荒村夕陽渡淫祠何日來混處神廟無人遣訶護一朝汛掃設豆籩五色彰施整冠履詩翁憤激為陳訴邑宰忠誠得敷露網塵無復向年深車蓋寧辭暫時駐江風蕭蕭日將暮碑石巖巖快先覩將軍壯業愈不磨千年令人起懷慕

東海徐容伯昂

闔閭城東顧公墓原廟淒涼誰復顧梨雲空鎖鳳凰坡竹雨宵零鸚鵡渡高風惜與溪祠并佳城幸有山靈護龜巢悲憤塡心胸鶴髮追尋勞杖屨歸來藻筆致陳詞直上琴堂爲敷露長洲賢宰汝南公遠駕蟾帷祠下駐具牲致祭心更虔伐石鐫銘來恐暮元公事業舊難泯大手文章今始覩後生不作眞丈夫碌碌姓名烏足慕

吳僧道問野舟

野草埋烟風捲樹顧榮墓前回首顧問是何朝策大勳曾擁鑾輿晉南渡江左王綱正微弱同收士望爲藩護蕭條一廟

荒原頭堂階偕僅能容十履長洲縣令來立碑拜跪竭誠屏膽露雄文大篆照江水居者往觀行者駐南國今多戰伐塵白雲蒼狗無朝暮將軍陳策有善謀九原不作徒傾慕

句曲王翥元暈

晉人之墳近宰樹周瑜有孫能枉顧指點荒邱千百年部憶長江五馬渡將軍衣冠沒黃土下有六丁長守護吁我昔披榛謁古祠草露如珠濕芒屨西風蕭蕭楊古淺碧粼粼遠洲露好事當時無一人荒烟落日秋雲[illegible]葬蹤南北兩如夢白髮鬖鬖歲月暮今逢縣令新立碑再拜[illegible]宮祠生龍傾慕

吳人顧敬思恭

老柏青銅孔明樹荒塚行人猶指顧將軍白羽孔明才鐵馬長江夜飛渡斷碑祠屋雜鬼神樵蘇白日誰呵護賢令會分柏府霜弔古時時煩杖屨雄姿再覩將軍祠翁仲似洒清秋露姦民膽落長洲賢枳棘非久鸞皇駐老夫亦豪將軍孫蒲柳秋霜歲已暮古來豪傑本由儒青史分明今所覩我今再拜將軍祠英氣如雲眞可慕

句吳浦津玉田

昔賢孤塚誰封樹久矣無人青眼顧長洲縣令躬祭掃龜巢老仙舟共渡佳城翼如飛鳳起祠下一灣流水護雄文重勒麗牲碑四方求覩紛杖屨將軍昔日平大亂白羽麾時忠膽

露晉室幾危賴以安龍馬渡江成久駐南山采蕨不得歸東海揚塵幾朝暮煌煌勛業照青史嗟我懷人猶目睹人生苟無德可稱千駟萬鍾何足慕

婁東管壽昌伯齡

穹碑峩峩誰復樹回首踟躕再三顧邦人只說晉將軍父祖遺風等虛度素衣[寧]免緇塵染性命那期炙恩護邇來一千五十載猶有甕宮存劍履精靈不作王家霖要福吳儂化甘露毘陵老子素好義慷慨悲歌屢延駐白頭未足平生心務力行仁惟恐暮朝陽鳴鳳何時來羽扇清風懷再覩生芻一束弔其人凛凛高風今古慕

毘陵顧雲曙霞軒　追和　諸公過祠下立牌原韻

雙梧參天誰復樹千載知心謝與顧遥憐時勢晉東遷近譬功侔宋南渡巢翁弔古托悲歌里老重新勤守護周侯命篤奠椒漿多士觀型陪杖屨每懷江月與松風有感秋霜并春露一鶴飛鳴華表歸幾人車馬江干駐事關氣數歷廢興理有循環在旦暮後顧氏子孫爲先生修墓懷古真傳從古傳前生未睹今生睹厚菴司馬富多文仰觀錄輿地圖十家語錄軍輿紀畧詠梅軒詩文稿已刊刻行世我今述德空孺慕先嚴以孝行得邀旌典輯素行錄行世

陽羨周志仁履常

盛年挾策走西都備歷艱虞幸不污羽扇風生羣盜首炙穀

恩保萬金軀雲霾舊冢名空在蘚食殘碑字欲無典午諸陵
俱泯滅故祠猶復禁樵蘇

婁東王富父子有

譽重南金誇洛下才兼文武有機謀丹陽降志全多士白羽
麾兵定六州盛烈豐功垂信史短琴杯酒伴牢愁鳳凰嶺上
千年墓重樹雙梧土一坯

漢中趙理允聞

吳郡稱多士惟公邁古今壯年宏遠器時譽重南金二陸秀
名舊中朝屬望深知人先錫炙適意每横琴避禍逃樽酒翰
忠竭寸誠姦邪方跋扈典午屬崎嶔屈志膺虛爵忘身荷重

任笑談麾白羽慷慨示丹心醜類從奔潰兇魁竟就擒王綱殊少振寔祚賴重燖遽爾符占讖無由作雨霖論功加禮秩斂葬僅衣衾青史高風在完堂宰木陰江山空想像歲月幾銷沉斷壟依沙渚荒祠翳野林靈衣生古蘚霜樹叫哀禽樵斧頻相及畊犁亦屢侵謝公江左裔周令邑中黔蠟屐同經過熊車遠訪尋悲歌風滿野慟哭淚沾襟俯仰求遺跡踟躕想德音墓門嚴祭掃祀事逐妖淫崇搆流丹彩豐碑倚碧岑鳳崗雲莾莾梧樹玉森森精爽應來假烝嘗定是歆載修鄉國典益使里氓欽高義誠堪紀新詩莫厭吟生芻如可弔準擬一登臨

淮東張春景方

將軍蚤歲負英名忠勇千年倘闡靈大義昭昭開日月休光烈烈照丹青里人爲植雙梧樹太史重題五字銘載拜賦詩增慷慨神烏啼處落天星

春陵周衍景延

將軍祠前秋日暉邑人下馬思依依江東謀略平陳敏吳下才名媲陸機總謂忘憂躭麴蘖無緣知已拂琴徽蒼梧翠竹森如玉鳳鳥和鳴幾日歸

江陰袁舉仲徵

諤諤顧元公矯矯司馬世江左三俊才中興一偉器揚扇遺

陳兵分內感饞隸詞章獻謀猷斧鉞奮忠義信史垂功勛豐
碑載銘誌祠祀繼遠孫姓名及樵豎纍冢連孤城寒鴉噪枯
樹英魂上斗牛萬古光燭地

丹陽孫景義彥民

元公聲望重南金國史垂芳信可尋羽扇當年麾醜虜塚梧
今日散淸陰哲人已矣存忠義祀事昭然別正洛卻有蘭陵
古君子綱維甚得古人心

郡人陶唐邕德和

桓桓顧將軍赫赫身後名勛業寄春夢浮華空世榮英雄一
坯土壯士古今情秋月羽扇高春風戰袍輕丹衷歌不滅陰

血夜生明向使蓋棺晚晉祚何由傾憂患苟可逃豈懷啖炙生願持盈樽酒爲君酹精誠落日陣雲橫江水流無聲

句吳金直廉夫

功名羽扇向時收遺廟荒涼野水秋精爽九泉雖不返與亡千古付東流已將熟醉爲身計復立奇謀報國讐日暮維舟薦蘋藻斷碑芳草使人愁

三山董傳

六郡塵清扇一揮南金聲望古來希江東故舊惟張翰洛下才名並陸機三尺斷碑春草合雙梧落日暮鴉飛平生感慨英雄淚重向祠前灑客衣

吳人顧敬

沉湎何如託興高將軍豈意老征袍劍亡不使華仙去鶴唳難容機醉逃大樹秋風吹日月荒墳春雨落蓬蒿顧家我亦曾孫子且釣任公海上鰲

錢復彥周

將軍墓上草離離麈扇翻成此日悲雨暗荆榛無隙地月臨翁仲有荒祠幽人特爲探前史邑宰親從建後碑樽俎重瞻嚴祭祀功勳原不負當時

吳人朱仁希賢

鳳凰嶺上梧桐樹晉代叢祠尚儼然千古衣冠埋野草萬年

香火祭分紡田機雲兄弟同聲早倫冏官僚獨子全賴有知音

謝徵士宮碑重表墓門前

崑山潘昌子盛

晉代元公吳相孫功高殷祐獨能論炙分義士情何厚事著

遺編名尙存麈扇昔曾平禍亂鳴琴誰復弔忠魂祠荒幸遇

龜巢復賢令重來表墓門

江陰江以清叔源

黃天蕩口有孤墳錫炙之名自古聞英氣尙能懸日月俊才

曾擬並機雲千年遺廟存籩豆一掬寒泉薦苾芬安得先生

白羽扇策勳重爲掃妖氛

洮陽唐升伯愼

嘗說顧驃騎出身本自吳力扶司馬氏功蓋管夷吾鶴語歸遼海鴻飛落具區麗牲重立石千古照黃壚

吳下朱庶秀民

晉代將軍士一坯堂堂祠宇在長洲風流自昔稱三俊功業猶聞定六州鳳去碧梧江月冷鶴歸華表暮雲秋扇舟來往傷陳迹滿目黃埃易白頭

延陵陶大本

荒墳宿草碧歲月亦已深深冠蓋久寂寞榮名流到今昔游京洛中望重雙南金扇揮天地開未覺白日沉功成遽云亡處

陵尋見侵秋風張翰淚蕭瑟入間琴

華亭姚緯宗文

闔閭城外氣葱葱驃騎祠堂對水東林暝竹雞啼暮雨夜深石馬戰秋風夷吾已共平江左內史曾同入洛中喜有縣公與典禮千年廟食定無窮

婁東包軺士行

元公亦偉人家聲著南土丞相宜都守赫奕祖與父東宮署官屬弱冠早見取儀刑在人望名教頗自許奉身入洛時機雲同出處無何司馬家骨肉相殘虜間關戎馬秋往往蹈豺虎屈志膺虛名忘憂耽綠醑南山蕨可食飄然欲遐舉廣陵

一蘖雛磨牙效㹚貐公心久不平說卓在數語函首江西軍
慷慨示屏腑雄斷神與謀功成一揮羽青天破陰霾白日得
重睹元帝江東來起公爲佐輔乾坤方再造兵塵尙紛莽犯
諱言所難侃侃陳王度誓將恤國恥于以清寰宇皇天不慭
遺遽爾奪二豎故鄉卜封窆策動優禮數邇來千餘載蕭條
幾風雨叢祠雜鬼魅荒邱走狐鼠名姓雖僅存烝嘗竟誰主
謝君素好義往弔倍淒楚倒屣白令尹妖淫速驅去廟貌咸
改作工師獻新矩穹碑勒雄辭肥牲載高俎神靈妥以安再
把吳岷祜峩峩鳳凰嶺渺渺長洲滸山平水可湮高風亘終
古

河南陳仁良貴

典午諸公久陸沉將軍祠墓見當今功昭晉史功臣傳義重南金義士心鳳嶺原頭雲暮合葑門城外草春深獨憐懷古成編錄三復令人思不禁

句吳王達

孤墳三尺近江干遠客重來思萬端託酒獨憐心志苦處身偏向亂離難碧梧落葉秋風早綠綺無聲夜月寒千古英魂知未散一尊空酹草漫漫

稽岳王彝常宗

鳳去石麟存蕭條夕照村晉年新白羽吳日舊黃門野草[illegible]

樵牧叢祠斷子孫卻看安石後鶴髮薦蘭蓀

魯人曾孫顥徵思詔

沅公祠墓已邱墟草樹蕭條劫火餘白羽空懷塵扇渡青囊無復薦賢書朝陽鳴鳳歸何日昭代南金價不虛欲采蘋蘩酹卮酒三江煙水正愁予

淮東范之能中立

羽扇揮江走亂兵六州澶漫一朝平洛京三俊元推重晉鼎東遷幸不傾鳳嶺愁雲團暮色梧墩落日動秋聲豐碑十丈鐫勛烈令尹千年著美名

汝陽袁華子英

元公晉室策奇勛葬地胡爲在水濆去逆効忠全大節建祠表墓賴斯文鱸肥笠澤還堪釣鶴唳華亭不復聞獨抱遺編懷往古寒烟宿草又斜曛

東隱本中

將軍有吳丞相孫吳亡入洛咸駿奔忘親事讎固無恥反正滅賊却可論一代全功收晉史千年遺廟落吳門亂離苦志誰深悉氣鬱雙梧作古昏

偉哉元公可謂能職一麾白羽弭亂存國當時爾心千載誰得新廟奕奕梧桐再碧

懷古錄卷之三終

（清）吳嵩梁輯

表忠錄 一卷

香蘇山館全集本

表忠錄

表忠錄

宋江西制幹兼禮兵部架閣僉丞相幕府軍事吳公事狀

東鄉吳嵩梁

公姓吳氏諱名揚字叔瞻金谿人居新田村今隸東鄉嵩梁十世祖也宋景定甲子舉鄉貢進士咸淳辛未廷對擢第授廸功郎吉州永豐縣尉德祐間丞相文公天祥辟署府尉帥僉郎中奏補江西制幹兼禮兵部架閣僉丞相幕府軍事入元不仕卒於家學者稱爲新溪先生公少警敏爲文援筆立就及壯覩時事日非益講求天下治要慨然欲施諸用雖由詞賦得第非其本懷永豐故岩邑公至治積盜及疑獄有聲當路才之他郡事亦多倚决屬領官米主者知公貧以食例錢優予之公曰此非

尉所當受請舉以代下戶畸租其所見於承豐者如此文公之起兵於贛也公率諸郡豪傑首先赴義及以丞相督師再出江西遂奏擢公官參畫軍事是時軍費不充糧道多梗雖捐金轉糴時苦不繼公集諸巨室慷慨言曰天下大勢危若崩牆君等坐席豐厚而帶甲之士枵腹臨戰事苟不利所蓄盡以資賊身受其屠爾時卽求爲餓殍豈可得哉且丞相以勤王之故奔竄淮海瀕於死者八九今幸復至吾鄉方期諸君戮力同心再瞻天日奈何負之聞者皆感泣爭先輸助軍賴以濟先是公方督餉有違律者百人當死文公難之公曰是可按籍而定也舊兵知法故犯誅之毋貸其新募者可原文公從之死者七人鞭者十五人而已空坑既敗文公以蠟書告賓僚各護部曲以歸公

由是遂不復出元初詔求遺逸御史程鉅夫薦公公以書辭其書今載集中略曰曩從丞相文公與二三豪傑奮臂投袂冀得少伸大義於天下及其無成自分一死而聖主不加誅求已屬萬幸敢有他望乎且士各有志固難相强堯舜文武之世猶有若巢由夷齊者翩翩遐舉某不揣慕其遺風竊欲援以自勉易曰從一而終臣道也吾輩戴高履厚不能殉舊君之難則亦已矣而又苟竊新恩希圖富貴賢君相將欲爲斯人砥礪廉隅又焉用之某戀甚幸毋相逼晚歲奉文公畫像嚴對終日出所貽手書流涕觀之既憤懣無所自發因采宋末遺事著野史四十卷又自賦詠史詩云讀書企聖賢禔躬凛蒼昊天步際艱難萬感入懷抱白日忽西頹川枯山亦槁曾陽徒揮戈杞國憂如擣

人或誘氣數我獨傷倫道海羽知銜石冥魂能結草昂藏美衣冠豈忍同屠保成敗難逆料死生任常道天心倘未厭努力書勳考富貴豈足榮所志在鐘鼎遭逢旣不造俯仰煙林迴非徒慕清高民彝藉彪炳夷齊臥首陽巢許嘯箕潁遺芬遙可挹寸心常耿耿天地任否泰萬物聽昏惺獨抱書一編幽棲萬緣屏石氣蘇山青泉聲栢溪靜嗟彼採芝翁老被漢宮請讀者咸悲其志歿之日酌酒别家人危坐大書曰我不佞佛亦不事仙死生晝夜此理自然其過化者燭中之燄其存神者明月之在天擲筆遂瞑嗚呼公之出處大節閱今五百有餘年所可推尋於文字間者惟是而已嵩梁兒時聞人述公事多異稍長先别駕示以文公三札及鄧禮部光薦續宋書文丞相附傳凜然如見

公爲禮部與公同在丞相幕府所言恭信而有徵書成其孫持入京師元之史局已竣世遂不傳然其文簡要有義法斯文未墜此書他日或復出人間未可知也文公手札藏家廟三百餘年已而佚失吾師大興翁先生方綱生平見文公真蹟最多輒爲想其筆法以意書之今裝成卷以貽子孫嵩粱懼其本末未詳因錄鄧傳卷端兼采墓銘家集及郡縣志所載補撰事狀附諸傳後俾覽者有述焉鄉里所傳其事可喜可愕者無徵不信不敢妄書

續宋書文丞相附傳

吳名揚字叔瞻金谿人丞相起兵踴躍赴義率巨室積錢粟備軍需意甚感激傾動一時辟禮兵部架閣文公空坑之敗浮沉鄉里計今尚存

宋朝散郎禮部郎中兼學士院權直廬陵鄧光薦撰

朱竹垞編經義存亡中集學士所論一直之說光實韓

朱彝尊全集

王言為馬錫恕遠一也批顯元度答圖文公聖行久及學序

吳谷學定深調金粹九於明年其序得此絕年且宜評數果間

韓沐青文公評韓間

文信國公手札

天祥皇恐頓首申禀府尉帥僉郎中台座前天祥於鄉國聞修能盡僧羅而致之不可得已屬目師行求能給饋餉不絕糧道者足下爲我任之師次於洪聞糴事先辦益知利器發硎小試即別時方艱難深願同力濟此事會安仁作分之項足下似亦許之不腆馬幣具之件箋耑介奉邀式遄其至臨風傾倚切幾台察

八月日起復朝請郎江西宣撫副使文天祥劄子天祥僭以官會壹阡貫充發路官會五百貫充夫脚不鄙嘉納爰疾其驅幸甚

天祥又申禀所糴米貴大監已肯爲轉移糴但要米至郡方可

今未免委重於執事得沭處置幸甚公文已常馳上伏乞臺照

天祥拜禀

文信國手札三通與金谿吳架閣者吳氏今居東鄉世爲墨寶垂三百年矣後忽失去架閣裔孫崑榕嵩梁篤念先澤之遺不忍失墜因請予爲想像信國筆意重書成卷敬識其後北平翁方綱

書後

考咸淳十年信國公勤王遂命知平江府又改臨安旋以右丞相如元軍請和俱在是年之冬及被拘逃回上表勸進乃召拜左丞相改同都督出江西收兵當在德祐元年春夏後故傳稱遣趙時賞等取寧都吳浚等取雩都而架閣墓志亦稱德祐乙

亥以贛事招徠天下士云云且札中有入月字樣則發金購米正值其時比鄒渢敗而事不可支矣忩忩三札僅二百餘字想見其籌筆之勤抒時之亟收拾人才推心置腹如此味之可感涕也公書世不多見是幅爲覃溪詹事所摹然憶昔畢秋帆制府贈予李伯時華嚴九變圖後幅有公題跋筆勢正與此同蓋信有神來冥會焉者吳氏其世珍藏之青浦王昶

文信國公三札見於東鄉吳氏家乘眞迹久不存覃溪先生仿其筆意爲之攷公以咸淳十年知贛州明年乙亥改元德祐詔天下勤王公得詔涕泣使陳繼周起郡中豪傑使方興召吉州兵諸豪傑皆應有衆萬人事聞除江西提刑安撫使召入衛與吳公帖當在此時故有師次於洪之語若空坑之敗乃在丁丑

七月兩事絶不同時帖所稱朝請郎江西宣撫副使必是德祐乙亥所授之職若丙子秋自閩出江西則以右丞相都督其寄祿官必不止朝請郎而師亦未嘗次洪矣龔孟夔譔吳公墓志謂德祐乙亥文公以贛首事公居幕府督運餉贊兵畫者與此帖正相應而鄧中齋謂空坑之敗浮沉鄉里似亦與其事者中齋與信國共事紀述自必可信愚嘗反覆推之當是前後兩入幕府其始以縣尉辟居帥幕信國被召吳公亦當引去及聞丞相督師復杖策從之耳而此三帖則在未入相以前無疑也甲寅四月十四日吳公裔孫者香蘭雪出以見示爰爲攷其顛末以質讀史者前史官嘉定錢大昕書於吳門寓館

余性戇才拙不敢欺人并不敢自欺每觀劇讀書至忠節極摯

處如見其形如聞其聲不覺淚涔涔下然後知人性本善臨事不能自照自決者大抵由平日勿克窮理養氣所致今讀文信國與吳架閣三劄二百二十三字信國之忠謀悃欵畢見卽架閣之忠謀詳愼亦無不畢見此等文字其精誠泣鬼神其聲光動天地千載如生豈至長埋吾知卽鄧中齋無文丞相附傳天必別生如鄧中齋者爲立文丞相附傳卽家乘無徵若香蘭雪不傳天必別生賢子孫如若香蘭雪者聲氣感動大老如翁覃溪其人倣信國筆意重書三劄以垂不朽吁人如信國至矣盡矣忠如信國亦至矣盡矣架閣一縣尉爲信國同心同難之友其人其忠大抵可知而且却聘有書著史有亭愈久而節愈勁然卒不能不藉中齋文丞相附傳與若香蘭雪所得覃溪倣文

信國筆意三通以徵信於後則中齋覃溪若香蘭雪賢矣雖然爲國名臣而不能爲先哲發潛闡幽何貴乎有是臣爲人子孫不能爲先人發潛闡幽何貴乎有是孫故吾讀文信國與吳架閣三劄及鄧中齋文丞相附傳一則其德其文與俎豆並馨吾爲架閣幸吾尤不能不爲中齋覃溪若香蘭雪諸君子幸也金谿王儀鴻書於蘆源風山書屋

題詞

謝啓昆蘊山

架閣裔孫東鄉吳世傳信國三手書國步艱難辟幕佐馳箋涕泣招吾徒首言師行急饋餉繼發官會供軍儲轉糴軀馳賴執事葺寧三復心勤劬江上勤王詔書下咸淳之季德祐初結連峒蠻召豪傑江西安撫聞命趨新溪先生永豐尉鄉國利器時相須杖策從軍感義士捐錢致粟兼芟薙空坑敗後隱鄉里新田終老眞艮圖薦辟不爲文海起徉狂竟同箕子奴蠟書間道足重繭秦庭痛哭申包胥一生未背負丞相遺像瞻拜空山廬嗚呼丞相事業炳青史與公大節遺薑狐同時陳繼周方興紀名姓更有饑錫唐趙時賞隨揭軀豈知從容守義死公與信國同不渝

光薦鄧續傳世已佚孟夔龔志墓言非誣却聘遺書載家乘此札雖失堪追摹鐵石肝腸照萬古筆法奚論褚與虞零丁洋詩衣帶贊遜此籌筆紆謀讀丞相忠爲千古模一尉全貞眞丈夫表忠我爲綱常扶寶此三百廿明珠補宋史缺誰操觚

李如鎬介夫

天水之季王綱弛乾坤茫茫一文氏永豐賢尉吳新溪枕戈不寐聞雞起軍儲運舸犒王師鞅掌賢勞令公喜九鼎當時一髮耳廟堂將相肉生髀縣尉何官幾斗粟食焉不忠乃深耻包胥泪盡還哭秦媧皇石裂能憂杞同袍興師要有人呼而應者眞國士空坑敗後事難支首陽乃在新田里却聘書如正氣歌勉學巢由答龍比文公手札曾再三瀝血披肝無彼此出師丞相

艱貞意板蕩詩人忠厚旨我信信國信吳公疾風勁草略相似
苟非其人豈費詞公之生平可知矣反覆書詞想書格墨蹟雖
亡猶可擬上追曾國將無同下視王孫骨真靡英雄且暮視古
今元氣不先造物死何況當時憂國言熱血滿膺紅噴紙此書
此人不示後何以教忠立人紀扎平儒林丈人公摹古人書進
乎技靈爽遙遙五百年腕底生風神所使闡揚大義不偶然矧
余恭敬維桑梓大賢有後後必大眼中之人有吾子

楊　倫西河

廈傾一木支孰與武侯配碩果剝上九文山生宋代忠肝比鐵
石早識大廷對煬竈熾羣姦迺使羲輪晦白雁渡江來金甌已
破碎精衛海親塡巨鼇山獨戴祇期心可明遑計力未逮崎嶇

閩廣間九死終不悔德祐初改元勤王徵敵愾應詔無一人非降即走退公聞獨涕泣誓欲掃氛祲國讐耻未雪寢苦須枕塊奈何食祿人有事忍捐背家財助招募萬衆耀戈鋌赴闕馳孤軍義聲震宇內惟憂餽饟乏倉卒難匀貸矯矯吳新溪公所夙欽愛官歷百僚底才具絕倫輩開府時贛州元戎急丞倅但聞一士賢名已入夾袋將伯呼共濟不然臭厥載書詞何勤拳恍若親謦欬謙謙君子德約請至三再仗劍爰入幕諸事賴決裁儲粟實倉廩練兵飭伍隊自非忠藎同何以承眄睞惜哉隆興屯重以空坑潰嬰杵存趙孤難與天所廢脫身歸故里隱處聊息喙甘食首陽薇亦把新田耒匣中寶刀吼光冷難復淬空餘手札留字字吐肝肺袁家有慈孫能文立風槩名蹟久湮沉念

之我心痛乞取北平叟日月重摹續挾將英雄氣洗盡兒女態當如顏平原力可透紙背又如陳九賓正士肅冠佩虎賁肖中郎此筆恐神賚索題幸覩我論世發深慨相去五百年耿耿寸心在載覩憂國言淸淚落珠琲君其世寶藏臣道庶不昧

曾　煥賓谷

德祐勤王詔天下義旗一旅惟江西文公督府多鄉人鄧光薦傳乃佚吳新溪新溪事蹟載家乘宜撫三札存其辭師行求給饋餉者永豐縣尉能任之嗚呼文公不作寇子翼中興佐命輸軍資新溪徒似南霽雲睢陽食盡還乞師臯亭崖山大事去殘兵餓卒奚能爲柴市孤魂招不得當時籌筆遺壘猶淋漓新溪歸後一展看新溪風日皆淒淒方其從事幕府始江淮閫廣半

壁支倘用文公四鎮建閫策飛芻挽粟寧餒而紛紛將相降且
退不若縣尉忠臣時我聞新溪尚有郄聘書當與疊山文並垂
裔孫才可述祖德請錄一通附卷重標題

楊芳燦蓉裳

德祐國勢不可支詔徵天下勤王師信公奉詔募驍傑慷慨萬
人同飲泣前驅踴躍溪洞蠻大呼義旅齊入關軍行餽餉苦艱
繼籌筆孤忠憂不細轉輸重任誰仔肩治行久識吳公賢千五
百貫發官會郡帑久已無金錢三書梗亮有雄氣古道論交略
官位督師自署朝請郎告糴全憑永豐尉空坑兵潰萬事空蕭
條柴市號悲風精靈下食化朱鳥天海遊魂招黑龍吳公杖策
歸田里偃卧肯因徵聘起遺墨零星掩淚看幽篁雨暗啼山鬼

握拳透爪亡其眞北平學士能傳神即今展卷尙流涕何況同歷艱危人黃冠丞相麻鞵叟耿耿丹心俱不朽爲付雲礽好弆藏定有光芒燭牛斗

樂 釣蓮裳

豪傑盡充宣撫幕餽餉獨資吳架閣文公三札推赤心想見忠懷兼偉略永豐縣尉官雖卑身與君相同安危辭家走應勤王詔手搴元帥軍門旂臨安旣破江淮裂閩粵間關糧道絶勸輸錢粟濟軍需餓卒羸兵皆飲泣蠟書一夜來忩忩西江義旅成沙蟲斗大乾坤寄海角夢魂猶逐西南風趙家塊肉崖山盡三載還聞柴市信涕淚焚香對手書孤蓬從此難重振野史遺編世莫傳知爲舊事傷殘年易簀大書投筆去化爲明月懸中天

麻衣人賣橋亭卜月泉吟客西臺哭先生心跡同一時金匱何緣失紀錄家乘猶鑴邦聘書更參鄧傳平生符我望梓桑遙下拜青[原]雲氣接香蘇

周爲漢倬雲

有宋南渡瀕危傾堂堂丞相以死爭金谿吳公抱忠義誓欲併力收神京當時手札餘三紙寄策殷勤詢國士若言餉少運籌艱國事披猖可知矣勤王竭力謀釜鬵可憐辛苦相肩任嘔心圖國盡如此人力似可回天心蕭條柴市號風雨故人零落歸農圃無煩生祭共梅邊空放悲歌和臯羽嗚呼有宋養士三百年紛紛改節求生全吳公之官永豐尉姓名猶共文山傳蠹國何人釀奇禍一二孤忠當坎坷古來興廢盡如斯使我披篋淚

頻墮年多遺跡流傳稀北平學士工臨池模糊淡墨摹碧血想見行營把筆時傳觀再拜當窗牖紙上回環數星斗非敢題詩駢卷端爲欲託名傳不朽

趙　翼甌北

曾公乞米帖但爲舉家艱旅食充國屯田策事可緩圖非至丞信公此札乃救亡欲飽戰士速勤王誰其任之永豐尉不惟募糧兼運糧是時義旅誰烏合元戎意氣方鷹揚手書籌餉代官檄時危豈論官低昂木牛流馬未暇製陸則任輦水則航千五百貫官會子早喜頓宿能供張誓收殘疆完破碎實賴同志勤匡襄空坑戰敗散如雨何處趙家乾淨土可惜當時衆幕僚姓名大半草木腐寺井沉函鄭所南釣臺擊石謝皋羽宋史忠義

已編書吟嘯集亦未及數鄭思肖謝翺二人宋史及文山指南吟嘯二集皆無其人何況問闕共事人猯狢噉盡㸃鬼簿此札吳家獨何幸鬼護神呵鐵家譜遂令區區一縣尉長附丞相共千古想見荒天野哭時手抱遺箋淚縷縷經年名字刺懷袖一寸蠟丸書納股酒悲時復一開看尚覺毫端血花吐白翎雀調世已彈朱鳥咮詞心獨苦精誠所結不消蝕又有裔孫起摩挲紙敝雖同晉帖臨文存不待束詩補傳家此卽教忠書故應敷典不忘祖

錢儀吉定廬

新溪先生吳架閣勤王實佐文公幕同時陳周迪郡起獨奉儲胥師命託顏籀漢書注儲胥言有儲蓄以待所須偏隅收兵事幾集空坑一潰勢全落蘇山高高梧溪深俯仰何能適林壑如意碎擊夫何爲冬

青谿酎甘敍篔遺民跡豈酬人知僩端寥寥記者誰傳聞千百存什一鄧中齋即龔孟夔井中有心心不死白日行天札三紙上言師行方次洪鄉國傾倚艱難同又言羅貴大監許復道官會夫錢充歲其乙亥月則酉嘉定錢宫詹考此札皆在德祐元年乙亥又第二札云八月日劉也宣撫使劉僉郎中推心置腹乃得士毀家赴國期成功古來漕給推蕭相漢業方興易供張虞淵揮戈誠獨難扎平摹書尚神王何人新史續盧陵須過東鄉錄家狀

胡承珙墨莊

匋鴈南飛天水碧文山獨捧勤王檄灑涕登舟顧石前幕府從容盛賓客永豐舊尉新谿吳奮袂參軍蝟鬚礫銳師却遣屯洪都枋國何人祖萬石事見劉岳申所撰文信國傳較宋史爲詳札中有師次於洪語正留夢炎當國趣黃

萬石入衛令公孩屯隆興時也三札殷勤定此時想見運籌資擘畫儲胥猶遣
護風雲號令空看走霹靂是時半壁無東南際郤舟中皆敵國
梅州再出更搶攘空坑一蹶斷消息鯨波虎口殊間關知貴賓
僚幾心力鄒渢尹玉劉小村聾信蕭明哲曾鳳李梓發彭震龍羅開禮陳繼周
周旋大半多鄉親中齋附傳逾四十如公名字何沉淪今文山集後
載鄧光薦督府忠義附傳奉檄書者四十餘人獨佚先生名天教湛輩不終歿獨留此札遺
雲礽流傳復被六丁取猶賴橅本如有神舍人逃德取相視令
我低徊念青史時平宰相昧求才事急朝廷識養士守官豈必
論崇卑合志何曾間生死當年此札三摩挲肯把平生負知己
君不見蕪魂月黑招西臺古血鵑紅哭燕市
王賡言贊山 一

有宋之末造國紀多變更一鼓下江漢到處無堅城信國生已晚獨立懷忠貞慷慨誓義師思與天運爭辟召多俊杰吳季尤錚錚軍糧煩匡畫足食乃足兵時公作縣尉無人知姓名感此付託重翻覺性命輕包胥哭秦庭七日不絕聲南八赴賀蘭萬死出賊營天不祚皇宋大師潰空坑趙孤已不保何處覓程嬰信國俘且死天柱西北傾懸像而哭之涕淚共縱橫志欲收餘燼一木難支撑却聘書再上不敢負夙盟長餓西山下堪比伯夷淸臨死呼家人大筆書分明裔孫吳蘭雪允矣後起英旁搜志與乘一一萃其精三札鉅公補賚之如琚瓊至今讀其詞凛凛氣猶生烟雲忽交互日月無光晶似見遼東鶴飛向華表鳴

彭昌運岸山

南渡朝廷撑半壁三閩四廣尤離析忠臣張陸與文公欲將正氣爲鋒鏑文山勤王知力弱親病已危猶下藥糧道梗絶軍資空火迫鄧侯問誰作新田架閣吳偉儒踴躍赴義身先趨慷慨陳辭勢巨室共輸錢粟任軍需信國殷勤願同濟三札一字一驪珠皇恐頓首將馬幣委重執事意區區官會一千五百貫不鄙嘉納疾其驅天亡塊肉舟將覆五嶺披前敗莫救張陸易死文山難淚灑崖山如雨豆哀哉蠟書謝僚友各護部曲還山藪公歸無復舊山河已有詔書求耆叟斯時信國直繫四正氣歌聲徹牛斗成仁取義果從容天地無窮同不朽唯公畫像對忠魂哭讀手書悲故舊墨迹傳家五百年飛去一朝如翩仙文孫世守識筆意摹請巨手札依然吁嗟文山眞哲節張陸鼎峙稱

人傑手札不沒公不泯生死雖殊行一轍環生佛生委空坑文山俎豆傳神明公之雲礽賢者此兼與信國留精英古今神物必有合他日還逢玉帶生

王以暢小湖

丞相生宋末萬古忠臣準咸淳德祐間氣息已奄奄竭力濟艱難不辱積堅忍勤王師次洪鉅聲振鷹隼所急惟糧餉丞相謀之審永豐吳縣尉謹慎堪汲引一見即委重三札謙退甚皇恐頓首書再三爲申禀臺座幾照察羅事幸俯允官會千五百借充休見哂轉移許大監處置已精敏不鄙荷嘉納疾驅糧接軫巨室盡傾動賙眾復指囷皇天不祚宋空坑敗可憫從容赴柴市仁至實義盡蠟書散寶僚一字一血瀋迄今讀三札令人意

懍懍

李培蓀草亭

偉哉東鄉吳架閣英風拔出文公幕艱難特起一軍來慷慨重膺三札託德祐迄今五百年述德賴有中書賢此札竟被六丁取此神幸得翁公傳翁公筆力可屈鐵文公手蹟翁常閱追想二百二十有三字字字摹出忠臣血我憶南渡國祚衰趙家塊肉哀流離閩廣間關苦走竄糧道一梗絕嚮暈移捐金轉糴委執事皇恐頓首給餉饋不鄙嘉納馳驅疾阡五百貫簽官會傳聞架閣先督糧軍門紀律嚴風霜赦其十五戮其七薄罰不使兵氣傷愛兵如此戰應克一以當千願殺賊誰知天不祐皇宋空坑一敗天地黑蠟丸潛奉書一篇各護部曲歸林泉新田吳公

不再出幽棲甘隱屏山巔怪哉一聘來文海耿耿寸心終不改
不日又聞柴市音讚語幸留衣帶在晚年遺像奉丹青正氣凛
凛猶如生終朝出所貽書讀一讀傷心淚一傾嗟公丞豐一尉
耳得附丞相死未死英靈長留月在天南雁一聲叫天起

董國華琴南

字二百書三紙幕府籌幾共一士空坑敗柴市哭遯迹荒山對
殘牘架閣遺事史闕書信公札失滄桑餘文孫述祖念祖澤千
春灰刼空欲歔欷平先生妙毫翰追摹神觀還其初即今展誦
動精采義激忠驅凛如在艱難同力縱無成正氣肯隨天地改
想當磨盾淚淋漓炯炯心光騰墨海吁嗟乎所南紀井史皋羽
悲鹵臺新溪並時志不回宋亡大節多草萊遺跡雖隕神崔嵬

張　深　茶農

白日裂秋昊王師盡餓夫乞糧心慘淡籌筆血焦枯獨任難爲智精忠轉類愚三書紆幕府一鼓壯洪都事去機誰挽人亡志益孤寇蕭淹偉畧與許託歸途對像腸回鐵開緘淚貫珠死生同此恨庚癸更誰呼歲久烟雲化天傾節義扶北平撫逼肖南董記非誣手澤惓賢裔悲歌勃陋儒艱貞切傾倚板蕩屈訏謨誓力酬君相遺言表故吾神存即明月夜夜照香蘇

楊際春雪棠

鐵石忠肝致此身義旂誰與話艱辛招賢先仗輸糧糗遺墨猶能泣鬼神千古濟危須利器一時入幕有嘉賓西臺如意新淚札終始文山兩偉人

郄聘辭同正氣歌重看畫像涕滂沱手緘猶記書三紙心事何堪說五坡世上春秋元甲子眼中日月宋山河王孫尚負苕溪去不及金谿一尉多

可歎當時史筆疎未詳大節表飛芻百年孫子成雛鳳一幅文章補董狐入世高風同潁水在天明月照香蘇爲吟石氣泉聲句信有青山上畫圖

北平學士古名卿想像重摹墨蹟明落筆居然見忠孝得人何止重科名故宮衰草銅駝淚舊恨秋風白鴈聲元社已墟遺札在千秋展卷爲心傾

王以曾蓉湖

三通札二百字千載孤臣心一腔義友淚灑向行間血透紙讀

到招魂聲酸鼻丞相四架閣棄天下人難回聘郝志可遂西臺
寺井有同情紫帀石溪總一致跡不同心無異一以成吾仁一
以取吾義九泉無以對吾友讀聖賢書果何事

吳　炌瘦生

萬疊樓船覆澳門崖山一哭海天昏孤臣不幸當南宋九死猶
聞拒北元信有忠肝如鐵石獨留正氣在乾坤黃金橫帶皆吾
黨手抱春秋共孰論

貞心偉畧傳吾祖首率英雄起義師三劄謀參開府幕一書聘
郝亞臺詞隱偕謝氏埋名久忠契文公附傳宜不是廬陵續惇
史千秋出處有誰知

手澤湮沉剩刼灰北平摹倣費心裁偶從腕下傳神到如見軍

中噴血來此日吾家增愛惜百年人紀藉栽培低頭俯視王孫筆風骨頹唐亦可哀

胡集邦靖庵

人臣不幸遭陽九義旗一舉身何有或死或生隨所遇要求心不負君友文公百折不死而後死從容就義得所止吳公不妨一仕而不仕委婉却聘遁鄉里勤王運糧資架閣功雖未成三劉灼臣忠友義一片心想見當年氣踴躍二百二十有三字令我一讀一淚落

吳化鵬北溟

玉屏山骨最嶙峋篤生吳公瑰偉人永豐縣尉官雖小誓扶國難志欲伸自從信國起義師委師饟糴共艱辛惜哉天運不祚

宋空坑一敗成灰塵丞相血灑燕京帝架閣淚溢柘溪濱死生雖殊心則一精誠固結等殷仁所恨當年董狐筆四十人外多遺失倘非中齋留一傳幾令新溪名字佚家乘幸有三劄存事狀歷歷堪追述當年筆跡易蠹蝕賴有妙手能摹出珍重留作敎忠篇千載光芒昭日月

吳　培蕤生

詔下勤王德祐初江山半壁共持扶師求饋餉承三劄力濟艱難起萬夫不負安仁由學問能參幕府卽謀謨空坑一敗嗟何極野史亭中血淚枯

新朝薦士溯程公却聘書成萬念空海羽塡波孤憤積橋亭賣卜此心同隱居卽在蘇山北遺跡誰尋柘水東最是彌留書數

語歌如正氣見孤忠

文公墨寶共、流連散佚無存倍黯然事狀忠臣憑後裔意摹古札仰名賢廬陵續史堪徵信孤竹高風許並傳述德未能繩祖武標題徒愧附瑤編

吳　臺芝孫

宋室不存非不悲宋運不興非不知三劄終爲文山起半壁特共文山支勤王義旅雖屯聚區宇更無一塊乾淨土士卒空懷報國心轉餉無由遲進取假如宋運未應休軍賴以濟如公謀一成一旅可資以興復中興事業安知不在南劍州無如彼蒼不佑宋兵潰歸來淚雙湧此心方爲南朝傾此身肯爲北朝用忠節如此劇可傷史失紀載名不彰文山三札復散失鄭聘一

書空寶藏無徵不信今猶古天生吾祖爲闡揚事狀一篇皆紀實札假翁公摹倣出不識吾家眞義士請看文山此遺筆

吳　墅梅士

白鴈一聲天地霜干戈四起塵飛揚朝廷將相紛紛降信國奉詔來勤王當時佐者爲吾祖首率義兵趨幕府餉道艱難轉運來不負文公三札語代遠年深墨蹟湮圮平學士傳其神文公肯爲瀝肝膽早信吾祖眞忠臣嗚呼吾祖一尉耳此心直與夷齊比徵書不爲文海起萬古乾坤植人紀

吳錫麒穀人

高揭勤王幟早當筵屏除聲伎激昂而起萬里風塵籌筆驛佐者延陵季子同閱盡艱難時事白鴈橫空烽火急要先商庚癸

軍中謎祈嘉納羽書遞　千秋不朽惟忠義到今日蘭亭摹本也含精氣想見新田終老日猶記咸淳甲子只可惜黃冠人死攜向青楓根下讀惹西臺如意同敲碎分明是幾行淚 調寄金縷曲

記

全謝山祖望嘗言[illegible][illegible]革之際不事二姓以遺民終者應入忠節傳余於宋架閣吳公而[illegible]憾也公以德祐元年從文信國起兵江西爲司饟羅及空坑之敗護其部曲以歸宋亡終隱不出其事宋史不載僅見鄧光薦續宋書文丞相附傳而續宋書又不概見公裔孫昆榕嵩梁采輯家乘及郡邑志補撰事狀并乞翁覃溪方綱摹信國與公手札刻之而以公祠堂之記屬余余惟宋季文山疊山皆以大節顯於江右而文山尤偉其後謝翺以西臺一哭與林景熙諸人同爲浙東義士世之人多樂道之惟公沉淪鄉曲史不之載事遂佚而不傳此謝山之所以致慨於史例之疎者也顧余嘗拜翺墓求其後人不得而公獨有賢子

孫如崑榕嵩梁者廣采舊聞掇拾成編俾有徵於後世公之俎
豆亦世守不替可不謂幸與余既為公記復作享神之詞曰
天水涸宋命訖文丞相柴市血公後丞相而死兮其精靈炯炯
與丞相而俱存渺崖山之尺土與會稽之嶙峋翩然而來歸兮
騎白鳳而從文貍俯西江之泯泯公之距今閱五百有餘年兮
信乎公之言也過化者燭中之熖而存神者明月之在天無錫
秦瀛

讚

宋江西制幹兼禮兵部架閣僉丞相幕府軍事金谿吳公名揚從文信國起兵江西爲司饟糴及空坑之敗護其部曲以歸後遂不出爲遺民以終其行事見鄧光薦續宋書文丞相附傳而續宋書世不槪見獨載吳氏家乘中其十五世孫嵩梁秀采墓銘家集及郡縣志補撰事狀以行於世文公所與三劄大抵在架閣先後參畫軍事時其跡久佚大興翁侍郎方綱爲崑榕補書以存考觴褒卷示予予惟聖人取殷三仁太史公列傳首伯夷蓋人臣之義不幸履變凡所自靖自獻有足以載其一代之風聲氣澤而不與國俱泯者固不繫乎生死也後之君相往往責人以徒死而史臣載筆亦惟死事爲詳其於湛冥之士淵焉

不著如吳桀閣者可勝道哉烏虖此歐陽所繇發憤於五代史毅然列死節於死事之中而戰歿者勿與存焉也爲之讚曰首陽之薇商山之芝世以俱稱似矣而非黃綺之見率爲漢賓夷齊之隱允蹈殷仁有偉吳公蹇蹇匪躬信國之與始皐羽之與終宋則亡矣不亡其人人其亡矣遺墨斯存遺墨既隕弗隕其心心光炯然神鬼森沉千秋一日後來有筆文公吳公從筆端出長洲王芑孫

跋

東鄉吳新溪先生宋季以進士爲永豐縣尉受知文信國舉爲禮兵部架閣信國有手帖三通與之信國既就義先生泯然退居東鄉之野時懸信國像發三通手帖反覆展玩潸然流涕蓋知已之感既深而自立之意抑尤不苟也其後先生没世子孫寶藏三帖既以其文辭載諸家譜矣而信國手蹟傳之既久漸就湮没今其裔孫崑榕以諸生受知北平翁覃溪先生拔入太學詢其家世崑榕語及此慨然太息於是覃溪先生倣信國筆意重書三帖聯爲一卷與之於戲覃溪先生所以體吳氏子孫之意而勗其無忘先德者意深哉意深哉盱黎曾仕驥

男以昌小蘭校訂
門人王以曾臺芝
孫
姪孫培蓀生同校
墅梅叟

（明）趙士喆撰

擴廓帖木兒列傳 一卷

東萊趙氏楹書叢刊·逸史三傳本

逸史三傳

擴廓帖木兒列傳

明　東萊趙士喆伯濬父著

擴廓帖木兒者故元大將察罕帖木兒之甥也世爲潁州沈丘人姓王氏小名保保保保少孤與其弟依舅氏察罕察罕無子以爲嗣改名擴廓帖木兒弟名脫因帖木兒我太祖與羣臣語每謂之爲王保保蓋從其本姓也初元至正辛卯夏劉福通倡亂潁州察罕與羅山民李思齊結鄉里豪傑前擊羣盜累敗之詔加察罕汝寧府達魯花赤以李思齊知府事察罕自爲一軍數萬人轉戰至關中勢大振已而福通以韓林兒稱宋帝遣其將李武崔德破藍田進攻商州察罕以兵來援大敗之進陝西行省右丞丁酉敗宋兵於冀寧路又大敗之於壺關冬白不信大力敖李喜入興元遂入鳳翔察罕擊破之復二郡戊戌而復涇州平涼別部賽因赤復晉寧路復遣關保擊宋兵於高平大敗之斬獲萬餘進行省平章得便宜行事己亥夏五月大發諸

道兵擊劉福通圍汴梁八月克之劉福通以宋主走庚子詔平章孛羅帖木兒守冀寧路孛羅遣兵趨冀寧守者不納遂圍城察罕救之敗其兵自是與孛羅惡相攻擊辛丑春詔和解之冬還鎮夏遣擴廓帖木兒貢糧二十萬石於大都元太子面與定約乃不復疑是時擴廓方少年官副詹事性英異察罕愛之遣之入貢蓋以覘朝廷之意旨云擴廓既還察罕喜遂大發兵擊山東羣盜東下井陘出邯鄲過磁相懷衛渡白馬水陸俱進秋七月平東昌進平寇州察罕所擁胡漢鐵騎凡數十萬勢如破竹遂遣擴廓會閻思孝虎林赤關保等兵由河東造浮橋濟賊二萬人來奪擊却之圍東平田豐出戰大敗乃請降遣爲前導降棣州俞寶東昌王士誠并其兵以攻益都壬寅夏四月白氣起危宿掃太微垣占失良將益都被圍久且下而豐士誠者陰通賊誘察罕至營勞軍刺殺之叛入城事聞贈穎川王謚獻武以擴廓爲中書平章政事知河南山東行樞密院事代將兵擴廓既已將則大痛憤享士日夜督攻城爲地道克之獲豐士誠剖其心祭察罕墓縛送渠魁陳猱頭等二百餘人於闕下誅之

進克莒州夷其黨山東地復歸於元初察罕之圍汴也軍鋒甚盛威震東南時我太祖高皇帝以吳國公居江左聞其名使使聘之察罕亦以書來聘帝以前所遣使不還不之答察罕既死擴廓代乃遣尹煥章送前使者自海道還且獻其名馬我太祖遣都事汪河送煥章歸因以書報擴廓曰元失其政中原鼎沸方岳之臣互相疑沮喪師者無刑得志者方命悠悠歲月卒致土崩唯令先王奮起中原英勇智謀過於羣雄聞而未識是以遣人直抵大梁實欲縱觀未敢納交也不意令先王捐館足下意氣相期遣送使者涉海而來深有推結之意加之厚貺何慰如之文綺若干用酬雅意自今以往信使繼蹤商賈不絕無有彼此是所願也擴廓竟留河弗遣我太祖以書訊之不報又見其搆釁蕭牆以爲非策屢書渢慰且譬曉之擴廓得書皆弗省而與孛羅張良弼李思齊等水火日深竟用是敗孛羅者以爭地相仇良弼受察罕節制而陰附孛羅以故察罕深恨之思齊與察罕同起其爵齒察罕行也見擴廓驟出己上心不平癸卯夏擴廓遣關保等擊良弼思齊與良弼連兵關保等攻之弗克

是歲之秋我高皇帝大破友諒於鄱陽取江西諸郡張士誠殺楊完者叛元自立爲吳王元遣使徵粮不與海運告絕東南之勢十去其六七矣冬十月孛羅攻擴廓至石嶺關擴廓奮擊大破之擒其將殷興祖及烏馬兒孛羅遁走是時老的沙得罪太子與禿堅帖木兒逃匿於孛羅軍中其明年元太子以孛羅匿罪人大怒削其官命擴廓討之孛羅知非元主意遂以兵犯闕太子走京師大震元主加孛羅爲太保仍守大同元太子恚甚復命擴廓兵十餘萬授其大將關保貊高等攻之孛羅復以兵犯闕太子親禦之敗績孛羅入朝見元主自訴其寃孛羅泣元主亦泣遂以孛羅爲右丞相是歲我太祖即吳王位親征陳理湖廣平張士誠迫逐達失帖睦爾以其弟士信領浙江行省東南之勢十去八九而擴廓及太子弗之憂也擴廓日與孛羅鬬太子又欲自立於太原擴廓疑之遣使傳太子旨賜故御史張禎以上尊且訪時事禎微知太子陰謀又見國勢日衰而擴廓搆兵不已乃復書曰方今合燕趙齊魯之境大河內外長淮南北悉爲坵墟關陝之區所存無幾江右日思荐食上國荊楚川

蜀淫名僭號幸我有變利我多虞閣下國之右族三世二王得不忠廉藺之於趙寇賈之於漢乎京師一殘假有不逞之徒崛起草澤借名義尊君父倡其說於天下閣下將何以處之守京師者能聚不能散禦外侮者能進不能退紛紛藉藉神分志奪國家之事能不爲閣下憂乎志曰不備不虞不可以爲師僕之惓惓爲言者獻忠之道也然爲言大要有三保君父一也扶社稷二也衛生靈三也請以近似者陳其一二出公據國至於不父其父趙有沙丘之變其臣成兌平之不可謂無功而後至於不君其君唐肅宗流播之中怵於邪謀遂成靈武之篡千載之下雖有智變百出不能爲雪嗚乎是豈可不鑒乎吾聞之天之所廢不遽廢也縱其得志肆其寵樂忘其覺悟之心厚其毒而降之罰也天遂其欲民厭其汰而鬼神弗福也其能久乎閣下覽觀焉謀出於萬全則善矣詢之輿議急則其變不測徐則其釁必起通其往來之使達其上下之情得其情則深其策矣孔子曰君君臣臣父父子子今九重在上者如寄青宮在下者如寄生民之患君國之憂可不深思而熟計之哉擴廓得書讀之

悲感心然其說而不能盡用也乙巳春三月元太子下令軍中曰孛羅帖木兒襲據京師予受命督軍恭行天討少保中書平章擴廓帖木兒躬勒將士分道進兵諸王駙馬及陝西平章李思齊等各統軍馬尙其奮義戮力尅期恢復夏四月關保等十餘萬騎攻大同克之已而孛羅爲其下所殺老的沙等皆伏誅元太子還都以李思齊爲平章政事封邠國公以擴廓爲太尉左丞相封河南王代太子親征凡關陝晉冀山東諸將諸王各兵馬俱聽節制軍民機務名爵與奪一以付之諸將不能無側目焉丙午春擴廓自河南居於彰德使使徵天下兵陝西張良弼拒命遣關保虎林赤攻良弼於鹿臺且約思齊攻良弼良弼以子質於思齊思齊孔興脫列伯共連兵拒守元主遣其吏部侍郎奄都哈剌持詔和解而諸將莫之肯聽其年四月元將陸聚以徐宿二州歸於我已而徐達克安豐及元將竹貞戰南門外大破之我太祖使使諭達言擴廓必爭徐州當速分精銳爲陸聚援彼不知有備輕來犯破之必矣達遵諭應援俄而兵至果大敗擴廓憤甚明年二月復遣其左丞李二犯徐州傅友德

禦之擒李二獲馬五百擴廓乃不敢南窺江淮是歲之春李思齊張良弼脫列伯同
會於含元殿推思齊爲盟主以拒擴廓擴廓自是始不兢云初元太子之奔太原也
欲倣唐肅宗故事擴廓見張禎書畏天下議遂不果扈從還都太子又欲介其兵威
圖內禪擴廓知之未至京師三十里卽散遣其軍以故太子陰恨甚時江表盡失而
中原無事元太子果促出師擴廓居河北不行但遣其弟脫因及貊高等駐濟南爲
觀望計而日與關隴搆兵元君臣始漸疑之詔下和解戕殺使臣不奉詔舉朝驚駭
於是元主乃命其太子以中書令樞密使開府總天下兵馬擴廓將本部兵自潼關
以東肅淸江淮李思齊自鳳翔以西進取川蜀以少保禿魯爲陝西行省右丞相將
本部兵及張良弼脫列伯等取襄樊王信等固守山東擴廓又不肯奉詔於是其大
將關保貊高等皆叛貊高以兵襲彰德衞輝殺其守將遂抗疏罪狀擴廓請討之元
主乃罷擴廓官以河南王歸就第與其弟脫因同居汝州而大分其兵帳前諸軍以
鎖住虎林赤將之河南諸軍以李克彝將之山東諸軍以也速將之山西諸軍以沙

藍答里將之河北諸軍以貊高將之關保所領本部軍如故又詔也速以兵會貊高取眞定攻之弗克各引兵還時吳元年冬十月左丞相達已克蘇州執士誠還報拜爲征虜大將軍帥副將軍常遇春等兵二十五萬傳檄伐元下山東十一月克沂州夷王信父子遂克益都十二月兵至濟南其守將降東下膠萊等州至於海識者知元室不可支矣方大將出時高皇帝召達等諭曰王保保名雖尊元實跋扈上疑下叛其勢不長李思齊等在關隴與保保互相嫉猜元之亡其機在此然建都百年城守必固頓兵堅城之下援師四集饋餉不時非計也若先下山東撤其屏蔽席捲河南拔潼關而守之天下形勢入我掌握元都可不戰而克元都既克鼓行而西雲中九原如拉朽耳諸將皆頓首受命故所向有功不數月海邦底定元君臣聞之憂恐始詔分潼關以西屬李思齊潼關以東屬擴廓各罷兵還鎮解怨息爭爲犄角以遏敵勢詔下關保遂退屯潞州而擴廓思齊終莫之聽焉洪武元年春正月上即大明皇帝位彗星出畢昴識者占以爲胡亡之象元主又削擴廓爵命禿魯李思齊討之

三月𢍰出於昴北大將軍兵至河南張良弼李思齊等皆散走夏四月擴廓之弟脫因敗於潍水李克彝奔據岐山梁王阿魯溫帥僚屬送款軍門河南定秋七月貊高關保復合兵以攻晉寧擴廓大戰覆其軍擒貊高關保遣其斷事官以聞時大將軍次河間元都大震而擴廓兵駐晉寧其精甲尚十萬有奇元主不得已乃詔二人離間搆兵論如法加擴廓太傅中書右丞相趣其兵速救都城擴廓得詔取二將斬之聞大軍北下所至迎降遂自晉寧退保冀寧不敢動元主既遁走出塞大將軍西收關隴乃率其兵出鴈門以爭北平大將軍謂諸將曰保保遠出太原必虛孫都督總六衞之師鎮北平可以無恐我以諸軍直抵太原傾其巢穴令保保進不得戰退無所依此所謂批亢擣虛也彼退還軍自救則入我彀中成擒必矣擴廓聞之果還軍軍鋒銳甚副將軍與衆謀曰我騎雖集而步兵未至未可以戰不如遣精兵夜襲其營衆驚駭其將可縛大將軍然之會虜將豁鼻馬者潛約降請爲內應乃定計夜襲其營擴廓方燃燭坐帳中兩童子執書以侍聞變惶駭不知所爲跣一足從帳後出

得騾馬以十八騎奔甘肅盡喪其精兵十萬人馬四萬匹二年春大將軍兵定關中夏平秦隴克蘭州進逼臨洮李思齊降至京師赦以爲江西行省張良弼等皆敗死天下悉平詔班師擴廓聞大軍南還遂寇蘭州指揮張溫堅守不下指揮于光自鞏昌將兵來救戰死之三年春正月上聞邊警復命大將軍帥師北伐以李文忠鄧愈等爲左右將軍以副之兵頻發上召問計將安出諸將皆云保保累歲寇邊者以元主猶在若取元主則保保望絕可不戰而降矣上曰不然保保方困我蘭州今舍近而趨遠失緩急之宜非善策不如分兵爲二大將軍西取王保保副將軍取元主於應昌彼此自救應接不暇事有一舉而兩得者此之謂也諸將曰善遂受命行擴廓聞之乃退兵夏四月大將軍師出定西與擴廓遇於沈兒峪隔水陣擴廓夜從東山下掩左丞胡德濟營衆驚擾大將軍恐親率兵急擊破之詰朝復力戰至晡元兵大潰擒其國公閻思孝降其大將虎林赤及諸將佐千餘人士卒八萬四千人獲馬萬五千駝驢牛羊十餘萬擴廓率妻子遁去渡黃河北走和林是月也元順帝殂於應

昌其國謚曰惠宗太子愛猷識理達臘立左副將軍李文忠以大軍攻其城五月克之元主以輕騎遁走比至和林而擴廓至其部將平章驢兒右丞賀宗哲等咸會焉元主得擴廓復任以事擴廓亦時時出沒漢南冀得所欲然無可乘五年春正月上坐武樓籌邊事左丞相達請出塞以勦擴廓上曰彼朔漠一窮寇耳困獸猶鬬姑置之達固請不已上問達用兵幾何曰十萬足矣上與之兵十五萬達為征虜大將軍將五萬騎自雁門出趨和林左副將軍將五萬騎自居庸出趨應昌宋國公馮勝為征西將軍將五萬騎自蘭州出趨甘肅是年之夏兩大將軍大破胡兵各獲人畜十餘萬大將軍與擴廓遇於嶺北擴廓悉其兵死鬬大將軍不利引還擴廓亦恐懼不敢近邊遠遁於金山之北八年秋八月死於哈剌那海之衙庭妻毛氏亦自經死死後三年元主愛猷識理達臘卒謚曰昭宗次子益王脫古思帖木兒立勢益微丞相納哈出擁兵二十餘萬據金山不肯朝會十九年春宋國公率師出塞至金山納哈出降封海西侯二十一年戊辰征虜大將軍藍玉乘大風揚沙襲益王於捕魚兒海

益王以倉卒不支帥其太子丞相棄軍走諸王妃主百官將校皆就擒降者數萬擴廓之弟詹事院同知脫因欲奔失馬竄伏深草間追及擒之益王北走大荒尋遇殺自是以還擴廓兄弟未聞遺種於虜中虜亦不復知有帝號矣初擴廓開府專征辟蔡子英參軍事時擴廓以丞相河南王承制封拜僚屬之盛等於朝廷而子英爲幕府冠以贊畫功累遷至參知政事猶不離擴廓幕中定西之敗與擴廓相失單騎跳關中轉入南山有司捕得傳諸京師將渡江一夕亡去變名姓爲人賃舂久之復得械過左將軍湯和長揖不拜和大怒火燎其鬚卒謾罵自如子英妻來自洛陽欲相見子英曰吾故纍耳卽有妻不愧相見耶既至京師高皇帝賜衣洗沐置外舍子英因舍人上書其略曰陛下恢廓宏度曲宥亡國之臣臣不自死慚負天地往者軍敗見俘逃亡數載自外大化復忤貴臣萬分不足以辱膏斧乃得以衣冠待罪外舍陛下之恩德宏矣臣有痼疾藥石匪瘳少本書生奪志行伍過辱北帥待以國士躍馬食肉十有餘年進不能陪國家之論退不能畢命枹鼓以愧封疆之臣一遘板蕩覼

顔失志陛下既丕昭武功踐華苞宇堅甲利兵宿積陳廩猶以爲歉於志下有司飭學校褒死節以風示後世豈以耆俊盈列待臣爲多令亡命俘虜玷維新之化哉臣不敢以死立名亦不敢以生貶節幸投瘴海魑魅無人之境臣若茹薺書奏上憐之戒舍人善視子英居亡何子英忽中夜大哭舍人驚問曰吾自思故主耳明日狀聞上嘆息久之縱出塞俾追攢廓于和林

逸史氏曰元史傳察罕因及保保然保保實不及其舅其差強人意僅初年破賊報讎其稍知大體者唯不從太子圖內禪若乃其阻兵安忍衆叛親離廟社將傾猶日事穴中之鬭憂國亡身者固如是乎保保本不學無術未足深求子英讀書知理少以亂離托身非所雖遭聖主不忍負心觀其所上書有足悲者縱使出塞高皇之量眞包乎天地矣

（明）吴達可編　（清）周登瀛增定

周恭節公年譜　一卷

周恭節公集本

周恭節公年譜

明義興門人吳達可編輯

清六代從姪孫登瀛增定

溥同參

六代　孫　元錡校刊

先生諱怡。姓周氏。先是名倎。試於邑。誤以音之同也。書怡。遂因焉。字順之。號都峰。後改訥谿。別號都華野人。世居寧國太平之縣。前高祖端慶公。曾祖德夫公。祖全公。號仙源。俱不仕。潛德弗耀。隱於農畝。門單祚薄。惟忠信禮義。孚於閭里。父本秀公。字

宗實號西疇禮義自守。孝友尤著。以先生文林郎
順德府推官考滿。贈如其官。繼因穆皇帝登極覃
恩。以先生加贈中憲大夫南京太常寺少卿。太平
稱世德之族。公家爲首。先生由進士出身。立嘉靖
隆慶兩朝前後以諫顯。天啟初追謚恭節。
孝宗弘治十八年乙丑十二月丁卯辰時先生生
是爲十二月十七日。太恭人劉出。恭人生三子。次
忭次恪皆不羣。先生居長。尤爲奇特時大父仙源
公年六十有四。大母陳孺人。年六十有二。俱在堂。
武宗正德三年戊辰先生四歲

五月廿五日。父仙源公卒。葬於曹冲之饗堂。

四年己巳先生五歲

先生天姿穎異。不與羣兒伍。同伴嬉戲。志趣自別。少偏頭。或戲爲言曰。汝頭偏不可以做官。先生信然。是夜於月下。照影自直。次早人見之。頭竟端正。又臨事機警。伯父竹居公本正。一日在房兌銀。適客來。恍惚遽出。未收。先生見之。即不離。及伯父謝客纔記。急忙至。見先生站門前。問之曰。汝在此何爲。即答曰。吾見伯父銀。此處看守耳。竹居公由是奇之。極鍾愛。

五年庚午先生六歲

就學黨塾。師教以早至晚歸。拜揖先生。即悟曰。是揖者。揖吾師也。然則先師孔子。吾豈可不揖。自後每早晚來學放學。必揖於文廟之前。風雨不違。人多異之。先生自少。端正沉靜。接人則藹然和氣。彬彬以禮。比鄰方姓。有長者百里公。必通。平日不輕許人。見先生異之。嘗語其子弟曰。吾見周某。其人不凡。後來必光大伊門。汝等不可以慢也。當敬重之。

七年壬申先生八歲

先生發憤力學。爾時治詩經。

十二年丁丑先生十三歲

先生姿性頗高。用力又銳。受業於養晦項公煥。時養晦食廩縣庠。固名師。先生及門。大肆力於文。潛心苦功。師亦自謂莫能及。後養晦戊戌領歲薦。先生是年成進士。

十四年己卯先生十五歲

五月初六日。大母陳孺人卒。葬於曹冲之鳳形。初太恭人劉。事姑陳。備極周至。病則侍湯藥不懈。姑每稱孝婦。至疾革。泣謂曰。新婦惟汝孝。吾無以報

汝願汝子婦皆如汝汝夫恭人泣不止時先生侍奉在側亦泣不能止蓋心愛大母并心愛其母不減孺慕之誠如此

世宗嘉靖元年壬午先生十八歲

是年遊邑庠時錫菴李公橘自太學謁選授太平司訓既至適先生列諸生見之甚加敬重錫菴順德人後辛丑先生理刑順德錫菴以是年正月卒屬纊之前日謂其孫可觀曰吾故仕太平周子方爲學宮弟子今來理郡憲知我者周子吾死必周子銘我可觀遂請於先生作墓誌銘

二年癸未先生十九歲

先生自諸生。果敢尚氣節。事所當爲。便存有鼎鑊不避。溝壑不忘之志。嘗曰。必如是。乃可爲士。不然皆僞也。又動遵古禮。見世俗繁華。徒飾耳目。悖禮不顧。心竊憂之。與從兄洛泉公僎。考訂禮制。本朱子爲式。寧有戾於俗。不敢違於古。今周氏冠婚喪祭。一一如家禮。皆先生所遵依者也

三年甲申先生二十歲

十月元善南公大吉續刻傳習錄於越。傳習錄者。陽明與門人問答。所訂正聖賢語也。大旨謂心理

原是合一。知行必須並進。先生見之。慨然曰。是聖學也。遂切有嚮道之志。

四年乙酉先生二十一歲

在家肄業。五經子史。無不究心。

五年丙戌先生二十二歲

娶恭人黃。時恭人年二十。歸于先生。是年餼邑庠。時督學南豐臨川介菴章公袞。案臨本郡。見先生文奇之。即列第一。先生卷後艸稿皆端楷。一字不苟。介菴既首取。又以知先生為人。曰此必方正之儒。自後每案臨。即以其試卷。示式於江之南北士。

且請先生在院讀書。命二子師事之。

六年丁亥先生二十三歲

先生在介菴察院讀書。與二子朝夕課業。弗少怠。

嘗作詩一絕自勵。曰交友須先辨蹠堯。幾爲蛇蝎

幾爲梟。而今已得堯堂坐。此後無招蹠客邀。

七年戊子先生二十四歲

二月廿六日。子子艮兒可貫生。是年。安成東廓鄒

公守益。以謫判廣德。轉任南禮部主客郎中。得陽

明正傳。倡道南都。先生聞之。遂堅辭介菴。徒步往

從之。得聞言論。喜曰茲何幸得聆至教。不然幾虛

此生矣。時道夫劉公在泰興。先生素與交。隨致書曰。某不才。離家一年餘。日奔馳荊棘中。九月間賴天之靈。忽牖其愚。一聞東廓師。若有所不容已者。幡然遂改其故習。辭祭院。即往拜。以從新教。駑駘之力。雖不能進。但已辦了個欲行的心。有不肯一日安已。又曰。今日都講得口耳之學。遂不見長進。只是知之未眞。不自體認耳。誠能愼獨不息。作一件事做。則工夫何有窮盡。但人情多於世俗較高下。揀事做工夫。自是自高。適成自畫。伏冀尊學聖人而未至。不作三代以下人物。斯亦不妄生一遭也。

八年己丑先生二十五歲

二月初九日恭人黃卒。先生在南都。受業鄒東廓之門。造道心急。刻不欲離。奉書西疇公。有曰東廓尊師。誨人不倦。一團和氣。無日不樂。男既失於前。未得承從。今方喜得所依。是以急欲聽教。而歸期尚緩耳。時江西巾石呂公。亦在南都。得相聚朝夕砥礪。

九年庚寅先生二十六歲

在南都。自受業東廓。凡動容語默。莫不遵信。端嚴

方正不肯少懈而卓立之志必以聖賢爲期故講學修德功務實踐深得師門心理合一知行並進之旨

十年辛卯先生二十七歲

繼娶恭人程時恭人年十七歸於先生是年西疇公卒壽四十八歲初先生受業東廓至是東廓以部郎請告赴杭會於天真天真距杭州城南十里昔陽明在此講學心愛其地戊子年陽明卒諸子思聚散無常遂築祠於山每年春秋二仲月仲丁祀陽明四方同志如期陳禮儀懸鐘磬歌詩侑食

祭畢。相講論以終月。時東廓赴會。先生亦與偕。既別歸。夏月至家。自後與東廓相違二十年。是秋賓興先生將赴試。適西疇公疾。縣一切贐儀俱送還不欲往。躬親湯藥。衣不解帶。西疇公以七月廿三日。竟不起。先生擗踊哭泣。絞殮盡心。黜俗尚浮屠。一以朱子家禮爲則。三月而葬。至十月十九日。葬西疇公於曹沖。大父仙源公墓側。一時來弔送者。莫不感先生哀戚盡情。深歎古禮之復行。而孝子之再見也。西疇公行履。載刑部郎。緒山錢公德洪所作傳。東廓鄒公。合葬太恭人墓誌銘。併樸溪潘公念菴羅公各墓表。

十一年壬辰先生二十八歲

父憂讀禮。蔬食水飲。廬於西疇公之墓左。今其屋猶存。爲周氏老莊。

十二年癸巳先生二十九歲

父憂讀禮。至十月二十六日服闋。如例往郡考復學。適甌寧古冲李公默。以司封郎謫郡倅。時郡缺正官。古冲署事。先生考復。見其文奇之。歎以爲有本之學。出羣之才。即欲留讀署中。

十三年甲午先生三十歲

鄉試中式。先正月將讀書龍門山嶺下之小菴。古
冲公招。不可辭。乃與宣城宛谿梅公守德同讀書
古冲之公署。宛谿固宣城潛心理學士也。自是互
相資益。爲終身莫逆交。古冲自得茲兩人。歡甚。每
退食。即來相視。問課功。輒據北面坐。緩頰與評隲
今古事。纚纚不休。嗣後每接人。口不能宣意。但曰
吾自倅宣州。賓有兩生兩生云。秋八月登賢書同
郡有四人。居解首。則祁門鄭惟誠也。揭榜後。諸同
人拜謝主試監臨。相見。即首問孰是周某。其場中
五策敷陳。何條暢。乃爾。眞經濟之才。聖賢之學。近

今所無也。

十四年乙未先生三十一歲

禮闈下第。歸途中。墜馬傷腰。創甚。月餘方愈。七月往郡。送古冲公裔遷。十月赴南都。卒業於雍。白山倫公以訓爲祭酒。見先生甚敬重之。時僉憲勿齋楊公亦在卒業。戊戌先生與勿齋同科。爾時正同業。入則同堂同班。出則同寓舍。進退必偕。甚相得也。

十五年丙申先生三十二歲

卒業南雍。適山陰龍谿王公畿爲南兵部職方郎中。東廓龍谿。皆陽明高弟。時先生與東廓相違有六年。心甚怏怏。得龍谿在南畿。喜甚。即往拜從學焉。致書於司諭平橋袁公。有曰某賴先覺喚醒醉夢。不敢復棄絕於天。戒慎恐懼。夙興夜寐。朝夕求無忝所生。不聞是教。真成虛度。但蔽錮已深。習染太久。一杯之水。莫救車薪之火。不見長進。是可懼耳。又曰今學字頭腦不明。專以文辭訓詁爲高。哀哉。工匠射御。技藝之數。學之者必以規矩彀率。身體而力行之。而學聖道者。乃獨以口耳爲學。亦何其不知類之若是也。又與論葬事。有曰葬者藏也重親之體魄而固藏之。無使土親膚。則人心恔矣。是葬之本義也。君子不以天下儉其親。稱家之有無行之可耳。今世俗乃以葬爲難事。而皆不行。遂至悖逆之甚者。圖爲美觀。竭力文具。以娛人耳目。至於衣衾棺槨。則曰死者無知。不必厚也。是果葬之本義耶。且不以死死爲可哀。會親賓以宴飲集僧道以笙歌。可醜尤甚。某於此不能正之。又烏能助之故俗所已行。而於送死無與者。不敢尚焉。俗所未行。而於送死不可少者。則不敢不盡。亦必稱其家寡陋之見如此而已。

十六年丁酉先生三十三歲

在南雍。先生之學。以大同爲旨。誠一爲功。益見夫天地與人爲三才。則天地與人同也。由我而之人。我亦是人。人各有我。我同也。由人而之物。洪纖靈蠢。皆天地一氣所生。物與人亦無弗同者。其有弗同者。不誠故耳。誠則一。一卽同。不誠則二。二惡得同哉。故能致誠一以歸於同。則天地萬物。各得其所。而位育之功成矣。自是以大同誠一立訓。書簡往來。反覆不一。無非闡明此四字。被其教者。禪益弘多。後履菴萬公士和。作墓表。有曰。先生嘗以是語余。而愚亦竊之以自潤者也。

十七年戊戌先生三十四歲

赴禮闈。登茅瓚榜。成進士。時同榜之中。有喜若狂

者。先生淡然無與。若惴惴焉更恐釋褐後。以不克

荷世爲懼。聞者皆服其素志不凡。十月選授直隸

順德府推官。順德故燕趙地。民好任俠使氣。難爲

理。先生至。即大書舜命皋陶之辭。於面壁以自警。

煢獨不虐。顯要不畏。一切當路。惟以道事之。未嘗

少阿順彌縫以取悦。臨刑則視民如傷。得情則哀

矜弗喜。民心咸服。固不惟一郡稱平。而旁郡各縣。

亦莫不愛之如父母敬之如神明畏之如雷霆有究抑欲伸於上者俱告願求批於周順德也暇日則進郡諸生講究身心之學反覆指示務俾有所得而止士習日丕變焉

十八年己亥先生三十五歲

司理順德是年迎太恭人劉至公署將舉卓異先是舊十二月章聖太后崩至是春世宗皇帝以皇考睿宗獻皇帝之陵將合葬恐狹隘南巡承天躬詣周閱駕從陸行往返由順德當供儲餉萬計適郡缺正官先生署事地方疲敝駕至中貴需索紛

如其危險難處之狀。不能殫述。先生以身任之。區畫料理。詳慎周密。莫不應變如流。凡上下大小庶務。俱井然有條。秋。又會章聖太后梓宮。詣承天。合葬於顯陵。駕從舟行。順德協濟。先派天津。續派滄州。又坐派德州。憲議不一。異地且遠。時郡守高公遷涖任矣。難之。先生又以身任。徵發當萬計。先生以滄州爲德州天津中路。即請於都院。將原發人馬名數。分爲兩隊。一送德州。一留滄州。畫便宜。費減十之三。且幸無咎。郡守大欽服。自是爲各院所推重。舉爲卓異。有交薦者。有特薦者。有致書薦於

吏部者紛紛不一而先生以是才著當路矣

十九年庚子先生三十六歲

司理順德時太恭人劉迎養公署每多病先生遣人祭告東嶽神祈保太恭人壽

二十年辛丑先生三十七歲

是年子順生生丙午冬殀先生司理順德春楊斛山被逮先生欲疏救因太恭人在署難之後祭斛山文有曰某僻陋鄙人素仰狷介承乏畿郡漸悉冲和庚子之秋盡方欣起用辛丑之春初俄驚被逮某時不揣狂妄輒草奏章欲叫帝閽而排閶闔

中危老母而焚狂藁疏不果上益以太恭人之故也時先生在順德已周三年矣自涖任來至是接四按院臨惟剛方正直事之以道非道必不爲少屈有一按院者初至威甚辭嚴色厲先生則待之以和持之以力任其作威初不自餒按亦終敬之加禮而去最後一院至性甚傲自恃直御史見先生稍不如意便開口執法先生不爲動按竟歛抑以先生爲知己回朝反薦之先生一生終不徇人如此後毅齋查公爲司理先生嘗致書曰理刑體面頗好做但刑之所及干係不小臯陶一篇宜日

玩味。詩曰淑問如皋陶。只是此心折獄惟良。得情勿喜。最爲切要。故子羔雖刖人之足。而人且感之不忘。蓋愀然不豫之色。人已信其無刖人之心矣。切願留意。又曰上官人品不同。其待吾輩。無不優者。惟恭謹事之。不諂可也。一切刑罰。悉宜從寬。所謂嚴者。只是自己律身要嚴。諂諛阿順。不爲小徇。卽此是嚴。至於刑罰。自當隨宜。世以刻薄嚴刑。嚇人妄招。仁者不爲也。又復司理淮川方公書。有曰理刑之職。良民不得以相親。至其庭者。非健訟則被冤誣者。是非曲直。實賴以平。欲使民無訟。要於聽訟之間見之其於曲者既原其有激而非得已於直者亦推其有誤而處或未當則負者心平媿服而不怨獲伸者亦有不得辭其責且知後患不敢以得直爲快信義復完而訟可省也乃今聽訟者固以平下民之情亦欲以得上官之心有心顧上則於民情不無少有低昂斂則上官用其才有只下而暮上者然非嚴不能成其斂嚴與斂相成而民情有不能盡順姦兇偏寬者多失之疎偏嚴者多失之刻一有所偏則奸黠得乘間抵隙以徇之喜順惡逆雖甚公恕者亦多不免任情躁暴尤

爲首戒公恕而詳慎。仁人之心也。若夫上官之喜厭官職之升沉。自有義命存焉。君子不惑也。益先生生平。寵不喜自恃嚴斂。惟廉潔無私。明恕克允故民皆樂其平。而上官亦無所指其短也。

二十一年壬寅先生三十八歲

司理順德。吏部請於上。行取天下第一。時太宰松皐許公讚深加敬重。稱爲異日名臣。五月推陞。以資望當擢銓司。因部屬已有南直人。三員克數。例不得再增。遂授吏科給事中。仍以本職推官。是年考滿。奉恩典。贈父西疇公如其官。封母劉。太孺人贈室黃封繼室程。皆孺人。先生至諫垣。見當時事勢。大非昔比。身爲言官。理不容隱。郎思草疏具題以太恭人在署。不敢驚恐。至季冬。止題有蔡經罔上不忠。日食宜加修省二疏。餘不敢上。致書孫西山。畧曰某一行作吏。俗氣逼人。惟崛强自負。不習諂。心尚仍故態耳。入科以來。無非犯權力。攖負嵎之虎。磨牙以向我者。是豈揚揚行呼唱。於內庭外街時耶。縱扁舟於萬頃。波濤沉浮。有不自由。何惜焉。張帆正柁。固吾職內事。老母多憂。危言以逆鱗且未敢。久則鬱鬱。恐狂疾必發。意欲圖一小憩。未

知能如願否耶。是歲。西蜀雲鶴劉公元凱。由進士
謁選。先生閱其賢。請於銓司。求宰太邑。卒爲循吏。
二十二年癸卯。先生三十九歲
在諫垣。是年廷杖。下鎮撫司獄。先舊十二月。疏題
兩廣督撫蔡經。舉刺徇情。所劾指揮與郡守。皆朦
朧塞責。苟且欺罔。莫此爲大。茲二月。題戶部尚書
李如圭。兵部尚書張瓚。提督十二團營兵部尚書
劉天和。三大臣不職。宜亟罷。帝納之。四月。題湖廣
巡撫陸杰。論薦一令一丞。兩疏矛盾。且薦廖道南。
鄙劣汙穢。殊爲失體。帝然其言。又疏題嚴嵩奸憸

與盧杞裴延齡同流。尼朝廷予奪贈謚失當。皆出
自嚴嵩洞肯。爲專恣欺罔。疏入不報。是時。嵩方入
内閣竊弄威權。見先生劾疏。心銜之。五月。又題採
木尚書樊繼祖欺罔五罪。不堪大任。工部尚書甘
爲霖庸鄙自居。無他行能。亟宜罷黜。先生立朝未
一年。所摧擊。悉當事有勢力大臣。在廷皆側目。益
奮不顧。他如論元日日食。謂少虧不如無虧。免救
護難免修省。論太常之職。敬事神祇。協和上下。當
慎選其人。以表率官僚。論文選考功二司。職任綦
重。當慎選人才。又當珍重久任之。種種皆確論。皆

名言。先是太恭人在署。先生論事。必匙而得請。乃
可。追論柄臣。慮母在鬻恐輙中止。是年春。太恭人
思歸切。因遣室程。子可貴奉侍南還。太恭人臨別。
方從容請曰。母歸矣。設他日兒獲重罪。罹奇禍。母
將聞之何。母曰。吁。烏乎為此言。居官盡職。所以報
朝廷顯父母。能教也。若以不職罪。恥之。而果為職
應、縱罪。吾何憂。太恭人既歸。先生見大學士翟鑾
嚴嵩。與吏部尚書許讚不和。及兵部題覆總兵周
尚文疏。知巡撫總兵不和。又據督餉侍郎趙廷瑞
疏。知總兵張鳳周尚文。與總督侍郎翟鵬及趙廷

瑞俱各不和。此至不祥之事。六月二十七日。欲疏
上。恐不免。往別松谿程公文德、浮峰張公元沖。即
以後事託。次早具疏。凡數千言。疏內因重罪嚴嵩。
威靈氣焰。臨逼百司。中外不畏陛下。惟知畏嵩。辭
甚剴切。世宗方心嚮嵩。嵩多結中貴為援。疏入。上
震怒。即間入摘疏中日事禱祀等語。為訕謗。令對
狀。七月初一日廷杖四十。比楊爵例監候。下鎮撫
司獄。是時肅皇帝怒方殷。京邸絕無親屬。莫為營
護者。先是辛丑年。河南道監察御史富平斛山楊
公爵疏論任用匪人。興作不已。朝講不親。信用方

士。阻抑言路凡五條。廷杖繫獄。壬寅年。工部虞衡員外郎。泰和晴川劉公魁疏論九廟未就。三邊告匱。乞緩雷殿工程。上怒其阻撓。亦廷杖繫獄。至是先生又下獄。晝夜桎鎖。左右閑衛者。嚴猛如狼虎眞東坡所云。魂飛湯火命如雞者也。危急中。手書數字。帶出寄歸。安慰太恭人。又賦五言律。示都下同人。明未死。詩曰。狂妄愚臣罪。寬仁聖主多。爾官已若是。生死如之何。大棍譚生杖。幽圄安樂窩。平生未易到。到此可虛過。見者且喜且哀。先生被杖。臀失膚。至九月強起。左足猶不能展步。晴川作詩

慰之曰足傷憂樂正又復見周郎古有爲丞相今
無問短長稱行循縮縮獨立仰蒼蒼大體如能養
還堪過孔牆爾時斛山與先生同獄而三人
又惟斛山與先生罪更重以語侵權貴司官絕其
外供日給四食二人義不受寧餓死司官陽禁陰
縱於是二人得依於晴川同食先生下獄百凡坦
然只老母不能放念因賦詩寄諭程恭人有云事
生事死此心同肅肅雍雍是婦容采藻獻芹吾與
女百年婦孝與夫忠又云賢妻爲我報慈恩早晚
温言慰倚門甘旨日求供孝養熊丸時和及頑豚

初家中聞信猜疑。至見先生字併詩，胞弟少峰公悟，急走京來視。九月先生識弟至，用韻慰之。詩曰：歳晚吾長滯。秋深爾遠來。鶺鴒飛已急，鴻雁去還哀。伯氏喜猶在，爾懷強自開。可憐風雨夜，須酌解愁杯。讀之莫不流涕。

二十三年甲辰先生四十歳

在鎮撫司獄時，伯父竹居公年六十有七，家居。先生賦南山遙祝二律，併楊劉二公所贈詩，書曰：首夏望前一日，罪逆猶子某含涕望南遙祝，拜書於詔獄第八門深處。楊劉二公素不爲人作閑話，因

道及大人素履。去秋今春。又兩見大人訓語。亦欣
然作此寄祝文曰書方畢。坐頃得三月二日。寄林
德明先生書來。謂非某一念愚誠感孚也先生在
獄。與楊劉二公。共講心性之學。發聖賢之奧旨。道
益深造。無事則賦詩往來。積而成集。後小子達可。
按察江右。彙集付梓。顏曰三忠文選。請友人鄒南
皐爲之序。皆獄中作也。斛山在獄。撰周易辨錄。與
二人旦夕。告以貞艱晦默。故其將履險如夷。論者
遂以爲天故設禁圉。聚此三人。如雞鳴風雨。共砥
礪。可不謂異哉。先生在獄。凡飲食書寫無凭靠邋

有二巨碑可几。爰取碎者累下。以此鎮其上。朝夕與依。亦若天貽之作有記。又晴川家居。有宋理學名臣錄百詠。爲養蒙書。先生見之。謂此書不弟可養蒙。題於其後。以志不忘。又嘗作學說。勗晴川家子。冢子名年。斛山贈之字。曰以時。是年。十月先生見朝政日非。不容自嘿。更欲效古人尸諫之義。手疏具題。疏內叙古昔聖帝明王之所以盡君道。忠臣賢相之所以盡臣道。與夫孔孟之所以垂訓。旣悉次及時事。可痛哭流涕長太息者。惟欲畏天地法祖宗。勤民事。繼道統。而尤於用舍刑賞爲兢兢稿定。前後敷陳萬餘言。皆切中時事。楊劉二公。見之力止。不果上。疏稿。載奏疏集內。

二十四年乙巳先生四十一歲

在鎮撫司獄。是年整菴羅公欽順壽八十。先生寄詩奉祝。有曰豫章泰岱兩巍然。衣鉢公家有的傳。又曰極目仰瞻心萬里。欲從何處覓高堅。時整菴致仕居家。嘗著有困知記。深明心性之學。先生所素宗。及在獄。又蒙慰問。兼贈方物。故因壽而以伸仰止之意如此。秋八月十二日。西苑箕降。上採箕仙言釋之。未幾復逮。時永陵自壬寅宮婢之變。郎移御西苑萬壽宮。不復居內。是日箕仙降筆云。釋囹圄不罰之人。享蓬島無疆之福。上信悟。即釋三先生。未一月。上欲爲箕仙造臺。大宰熊公浹言箕仙妖妄不足信。疏入。竟忘其釋放三公。深悔無及。上方崇信箕。見疏大怒。罷熊爲民。果謂如箕。不足信。則前言釋三人者亦妄也。九月十一日。密諭東廠。使賫旨復拘所放之三人。時先生與斛山晴川蒙聖恩放歸田里。取道於通州張家灣同舟南下。至臨清州。斛山由陸西去。先生同晴川從舟南行。及上有復逮之旨。在中途而逮者陸行。已到府半月矣後先生三鼓抵家拜省老母四鼓即行十月既望先生從王人渡江日暮風起波湧舟檣顛急王人驚怖失魄不能就食先生初不見其危為賦江行難一篇至十一月初二日到東廠先斛山於十月二十四日至東廠次日下獄矣至是先生至晴川又後先生遲數日十一日詔下二人於錦衣衛南監復傳旨轉鎮撫司獄是夜漏將一鼓拘先生與晴川鐵鐐入獄其時獄卒擊柙木羣力吽吼縛索鐵鍊呼聲震恐舉獄皆驚晴川與先生自如既同令小校走斛山柙前告以二人至使問候斛

山笑曰。困縛中猶復爾爾耶。可見二公胸次矣。次日先生登厠。厠在斜山所極之屋右東向。先生過其前。斜山即從柵内相勞苦。問及太恭人。先生惻然悲傷。有不能答者。二人遂共約不食。因食甘餓死。司官聞不食。仍許以晴川通飲食。既數日。冬久旱。傳言上祈雪不應。心急甚。恐加怒三人。若許通飲食。則事屬怠縱。懼以罪累也。明日當復阻之。次日食果不進。三人各鎖於冷室中。戒無一人敢相與。門外饁食者紛如。三人則四壁寂静。兀然獨坐。勺水粒米不及門。時東廠每月以六人來覘視。有楊

國用諱棟者。見三人轉輾阻阨。歎曰此懷忠義士
可忍使困迫若此。乃往見司官。謂主上寬仁。於三
人者。欲其生不欲其死。恐未可以非道相加。而以
餓莩死也。以後乃復與晴川得自供米物。其時又
有東湖陸錦衣。暨武管事。鄭管事。戴管事。之數人
者甚留意。扶持之力居多。事具震川歸公有光作
戴錦衣傳。

二十五年丙午先生四十二歲

在鎮撫司獄。先是舊十月。先生復逮。二弟少峰公
與同至京。茲四月廿七日。聞二弟告期南歸。先生

即戚然涕淚不止贈詩云聞爾舟明發重吁涕自流爲酬三極義羸得一家憂南國三山碧北圍五月秋聖恩原浩蕩應許首山邱又七言一律末云欲慰母兄歸正好今秋喜爾亦三旬以二弟南還鄉試故云爾先生下獄少峰公每年必至京省視歸皆有詩茲不盡載六月爲祖先神棲未妥族心澌散因寄書與從兄洛泉公畧曰弟身履危穽生死呼吸生平所欲爲者今已不及復不伸言於兄未免齎憾以殁心所切切在尊祖睦族二者往陳先公棲神無地去冬回見易位於廳壁後往來喧

講。視故位何如。似尊而更褻也。立祠則無地貧者可祭於寢。若退聽後。有隙地可割。則廣之立一小祠。乃爲得所。不然。則用舊後堂塞聽後。從東壁至西壁。裝半間。分四龕以妥四世神主。祭則請於堂行禮。其諸非所宜祀者。齋戒誠敬。告而謝之可也

睦族貧不能濟事誠難。若顔囘原憲之處族人。亦必有道矣。范文正公義田之志。亦立於微時。本朝方希古先生志。亦甚大。後來卒任綱常之責。吾邑設自天寶十一載。然在前未設邑之時。亦必有居人。今邑志所載人物甚寥寥。縱失於兵燹。何史冊

亦無有見者。觀之孫莘老廳壁所記陋事。至於今未改也。坐其地者。不能不耻焉。思爲山川一洒之。其不在於今乎。又留念親家仰松譚公濳。因冬日一曝背。寄詩云。院深人靜日盈圜。曝背長歌輸我閒。不爲天常亂心曲。何須生出鐵門關。又云生平鐵石作腸肝。未許等常兒女探。溝壑已甘爲葬地。肯從飢渴説艱難。先生自入獄。倂復逮。已歷四年。無時不憂思老母。每值太恭人生辰。以不得歸拜壽常墮淚。且戒飲斷葷。并自己生辰亦如之。晴川每見悲傷。爲作詩寬慰。終莫解。幽圄獨坐。觸念郎淚。

是年八月後。因夢寐不安。卜亦不吉。更戚甚。

二十六年丁未先生四十三歲

在鎭撫司獄。是年太恭人劉卒。壽六十二歲。先十一月初四日。夜三鼓。蒙恩釋放。是日斛山早起演易。至晚勸二人飲。曰須盡此杯。當即出矣。時漏下三鼓。永陵西內修醮。二殿災。二殿者名高元殿也。以醮起火。上因悟。即手勅諭閣臣云。醮事不足信。言官常言之。朕不之信。既放之矣。朕又復繫之。今急先釋爵等某某。都便放了。時殿火方熾。內監二人於火中擁上挾腋出。上連聲曰。快放了三人。快放了三人。內人皆曰。上見空中有神語也。既三人蒙恩釋放。即望闕謝恩。從陸行。取道涿州。至涿州。晴川與先生。相别斛山。二人仍同陸南行。先生思念太恭人。疾驅不敢緩。至徐州路行一半。晴川見風順舟疾。强先生同登舟行。先生謂風順。舟誠疾。恐未必常順。不如陸。遂固辭。從陸。後晴川臘月初八至蕪湖。先生已初四抵家矣。時太恭人卧病在床。幾二旬。思欲見先生。自知萬不能。念已斷。初四日先生忽至家。驚喜非常。淚轉涔涔下。至從容問所以。固得之天恩。亦一時精誠之感。更有所驅迫

而疾也。既至。隨親湯藥。猶得侍十三晝夜。十六日
太恭人不起。居喪禮制。一與先西疇公無異。而儀
則因時以隆之。遵禮當來春三月。合葬於先人之
側。以地由尊長。不得專。故葬期有待。暫殯於所居
東邊之小房。時先生釋放南還。諸相與莫不喜幸。
各賦詩示意。衢山文公徵明。作詩四律以贈。中一
聯云。千年名教逃無地。萬死餘生念有親。筆山崔
公淮亦有一聯云。臣忠子孝原無媿。天道人情自
不違。皆紀實也。

二十七年戊申先生四十四歲

母憂讀禮修宗譜遵歐陽氏譜式時先生知交如何古林張龍湖盛古泉羅念菴朱鎮山畢松坡徐存齋趙大洲聶雙江歐陽南野殷白野劉安峰同年如範三峰張浮峰胡梅林喻吳皋陳雨泉沈青霞茅見滄茅鹿門同郡如貢受軒併同學梅宛溪沈古林諸公各以書來候其賻儀弔太恭人之喪又有巡按御史某按臨太邑慕先生投刺欲一見先生曰某公之來未先賜弔我守制不得以喪服見客卒不出客候之良久而去

二十八年己酉先生四十五歲

毋憂讀禮二月十九日合葬太恭人劉於曹沖西
疇公墓右大司戎東廓鄒公守益撰合葬劉氏墓
誌銘大冢宰樸溪潘公潢翰林念菴羅公洪先各
表其墓葬事畢仍廬於墓左之小莊時先生修譜
見族人墓祭漸各分散歎其失先人合食之義惻
然不忍出銀五十兩入衆置田數畝用備祭具爲
合族掃墓需藉此以序親親之愛適宛洛韓公邦
奇爲南兵部尚書致書請序略曰族自高曾來寖
微素無耕土惟先祖一房僅給衣食今惟家伯父
頗可次則先人僅自立先人存日夙抱徽志毋讀

范文正公用宅章。必丁寧提命。若力不能及。莫如之何。亦嘗備墓祭小具。三年以上族者中止。不肖每一動念。神如來格。敝鄉田價。高須八兩十兩一畝。今勉從出銀五十兩。歲得租米七石餘。用備祭具可立根矣。非敢爲儀。勉盡愚誠。希煩我公一言警示。則不肖微誠。或聯族心。可必也。時先生家居讀禮。見得身所以釋放。與猶幸太恭人一面。總不外一念之誠。向來以大同誠一爲教。至此見得誠字益眞。嗣後乃耑以誠字立說。今不能盡誌。止撮其數條。有曰近年省悟。只覺得誠字甚難。不誠無物不可不誠也聖誠而已矣誠可易言哉日用間只巧言令色之病難療此唐虞所畏孔子所恥靜思默觀不巧令即是誠也寄尤西川書　又曰天地間上下四旁通貫只此一誠塞天地格鬼神洋溢中國舉不外此故人止一誠世有難居之地難爲之事難處之人即我可居可爲可處者如我不可居可爲可處即誰當居之爲之處之者此耕稼陶漁以至爲帝無不可也答王冲陽書　又曰誠字原着不得意纔一着意便由有意不可言誠矣其爲物不貳則其生物不測此二句可窺測誠字若甚難耳又曰

誠不易言。如惡惡臭。如好好色。此二句是誠字樣子。能如是眞切。則不入思維。不容想像。不涉知識。莫知其然而然。眞天機之應也。如此方可以立誠俱答蔡春臺書又曰學問之道。只一誠而已。誠可動天。何況於人。一言之發。一行之動。誠則人皆信之。達之天下。無不作孚。願吾同志精察猛省。其勉力於誠。庶不枉了切磋之義。至於誠身之目。詳具中庸。茲不復贅勉伯成書先生釋放以後。未歿世以前。闡明誠字。曲折詳盡。而大旨不出數條。又家居齋名省慾意欲於胸中。省去雜念。以歸於一。至不識不知。順帝之則而後已。即聖人之所謂從心不踰也。要其從入。則屢以巧言令色爲誠字最害學者可以知所從事矣。時太邑學宮久失葺。集議重建。復沮於浮議。先生因致書郡守和菴趙公。畧曰敝邑學舍敝陋。衆心欲新者。懷之二十年於今矣。事體重大。莫敢輕任。鄭令莅任踰年。未敢議及。非謂不急。亦顧事體重大。難以輕舉。諸生復呈各院。上之人既皆允行。但民情樂逸悼勞。趨利避害。可與樂成。難與慮始。事不可終已者。彼惡知之。今於始事。遂沮浮議。獨慨夫太平之學宫。自是不可復望集功矣又曰舊貫已無可仍改作難云何必謂太平之夫子復有陳蔡之厄在不肖輩前此聞改作之議竊駭輕妄今見荒廢之久不無傷痛撫院批行案下勘定則當是之舉墜全在大政一可否如何耳士民瞻仰關繫不小不得以慎重興作令聖人在天之靈無地棲妥春秋之祭寄食遠舍也幸甚是年七月初七日楊斛山手書來候擬郎南行相訪不果以十月十四日病卒也

二十九年庚戌先生四十六歲

母憂讀禮二月初東廓壽六十先生作文致祝爾

時與東廓相違二十年。三月十六日服闋。因歙友
鄭雲門約。又同譚仰松遊湯泉。宿雲谷禪院前。正
月元旦之前日。接全椒南元戚公報。傳斛山去夏
凶聞。先生不信。以七月七日猶得手書也。又數日
得通州胡倉君使書云。斛山係去冬十月十四日有
事。方知是真。不覺仰天號呼。大叫痛絕。仍着人往
南都問信是的。家中即備饌遥致祭。文極哀。末云
予有斗酒。藏之三年。以待君開。今西望傾酹。神其
肯飲。臨風痛哭。此情無盡。祭後。即寫書寄關中。慰
其二子楊子勉子學。是夏劉晴川乘舟來訪。併拜

太恭人墓。臨別依依不舍。先生爲文以贈。又命子艮兒可貴。送至祁門而返。既四月即往全椒。赴南譙會。併訪戚南元。過采石渡江。有詩題於白鶴觀。遊和州湯池。先龍谿有書約先生四月至全椒。同緒山赴會。道先生至。緒山會而歸矣。乃過南元家。相聚十餘日。將至山陰訪龍谿。不果。奉書以示意。

三十年辛亥先生四十七歲

是年子子艮兒可貴遊邑庠。秋往山陰訪龍谿。適延陵趙公。爲浙江僉事。遂至越湖上一會。將郎同

龍谿併雲門敬所諸公經行台州窺探奇勝遊天
台聚講數月乃發瘧於越治弗止不能強振遂別
諸公獨侍龍谿從湖州過蘇州歷宜興溧陽諸處
一遊而返至姑蘇已冬月矣訪質山黃公姬水時
相別十有七年至是見先生至不覺泫然興感留
宿敦舊質山因出宋陽山五徵卷乞先生書末臨
別又次文衡山韻奉贈詩曰廿載交遊識諫臣相
逢忽愴鬢華新也知事業於今富却訝琴書只舊
貧繫獄五年酧聖主還家十日侍慈親泥塗肯念
同門友老大無成媿此身詞極真摯既與質山別

即從龍谿過武進。訪荊川唐公順之。又同掌科龍津吳公。及雲濤雲庄雲淵諸友。過溧陽。訪玉陽史公。適逢至日。在玉潭仙院同祝聖壽。

三十一年壬子先生四十八歲

二弟少峰公。是年拔入太學。春先生赴會宛陵。在宛溪梅公。古林沈公家。相聚旬餘。自宛陵至西江。直入關中。在外二年。時先至吉安泰和。訪晴川公。未及門一月。晴川已四月十二日卒矣。先生悔不早及。求得一面。追悼不盡。乃即備芹酒以奠。其文有曰。愧予不信。懷公無緣。將謂逾月溯江。期侍公

之杖履孰意千里及門慟號公之几筵負元伯雞黍之約徒延陵佩劍之懸嗚呼關西夫子已矣南州哲人又然惟嗟在予之垢穢盍從二公於九泉

先生既弔祭晴川又往拜整菴羅公墓之安福遂訪東廓時東廓元配王宜人卒有一紀初先生南畿受業宜人待之如子至是特設奠爲作墓表往吉水又會念菴羅公洪先時已八月矣先生欲圖靜衡山衡山南嶽也遂發僕人令家回獨邀師泉劉公邦采三五劉公陽由西江入湖南至衡州九月望日登南嶽遊南臺寺告祭南嶽神與師泉三

五聚講於南嶽之南臺作寺碑記南臺地燠可禦寒至明年暮春方出山往入關中在南臺嘗寄書諭兒輩有曰人家盛衰只看後來人如何學則檢束身心存養德性處事接人須循道理一起心動念便有天地鬼神在心寧過於厚毋流於薄如此等人心地光明處富貴可長保福祿處貧賤可免耻辱即此便是盛也不學則但知利己不顧損人爾我忒分明即父子兄弟夫婦間也隔藩籬更何能容人何能受福如此等人心胸狹小處富貴多歛怨處貧賤不免苦惱即此便是衰也又曰讀書

莫懶惰莫與不學好的人同處與君子交。坐談莫說閒話。莫說人家長短。莫發人隱事。家中內外謹嚴。我在此賴有師泉三五二先生同處。朝夕切磋。甚有益。又曰由儉入奢易。由奢入儉難。酒肉一餐可辦麤飯幾日。紗絹一疋。可辦麤衣幾件。義命自安。不飢不寒。足矣。圖好喫好着。非所以居家。亦非所以養福也。又曰有勢不可用盡。有福不可享盡有話不可說盡。處己必須克己。待人必須讓人。執此以往。可以無大過矣。寄書有四。玆其大畧云。

三十二年癸丑先生四十九歲

在南嶽之南臺暮春出山別諸同人入關中弔斛山公取道衡州至衡州觀石鼓書院渡汨羅弔屈大夫原過洞庭題詩君山過沮風爲文祭告湖神既登岳陽樓歷武昌經赤壁渡江而北至襄陽遊峴山上太和武當所歷諸處皆有題詠自襄陽經南陽從南陽至登封遊嵩山即爲文祭告中嶽神至伊洛謁二程夫子廟涉黃河入潼關至陝西富平時已五月矣乃奠斛山墓正端午也望之宿草戀故人咨嗟太息不能去詩曰幽居君遇端陽七幾度蒲觴爵共斟多懼不知淹節序先憂早已致

殘身。聯詩尚憶花間句。對酌時懷石凍春。此日生芻投墓道。徘徊宿草倍精神。奠畢。至家慰勉其二子。子勉與子學。先生既弔祭斛山。往朝邑訪苑洛韓公邦奇。至三原。訪龍渚昝公如思。拜謁谿田馬公理。時谿田壽正八十。先生爲文致祝。過長安。既遊終南山。終南有神女。見先生曰君與我鄉里也吾涇人。水西大塔。吾所造。敘禮畢。贈以路費。并示以催生方。後如方修合濟人甚多。先生又夙有西華之想。入華陰。爾時正暑。探陳希夷之蹤。拜呂涇野之墓。遂約谿田龍渚併諸公大會於太華之雲

臺初至。祭告嶽神。先生前後遍有文告五嶽。自東
嶽祈保母壽。外精誠所感。總欲求巨靈降祥。篤生
異人。可師資而興耳。在雲臺既居月餘。時秋深。別
諸同人而返。出潼關。復尋故道。至洛陽。先是入關。
道經此地。訪西川尤公。得相從於郭西別墅者五
六夕。至是關中歸。適西川有伯氏之哀。復自郭西
別墅弔於其家。又留宿數夕。過登封。至汴城。會東
溪徐公。乃即由歸德經淮揚而歸。時又十月矣。先
生至家。恐紛擾明年意欲與祁門一墩謝公惟仁。
來縣尋一處同朝夕砥礪。致書曰。弟去春迄今。出

外幾二載，得師友之力不少。靜言思之，恐終負也。十月抵家，得兄別後兩書，意味懇切，真痛癢切膚之語。吾兄新得日純，郎未相接，精神自流通，何時撥冗顧我山廬，非弟私幸，實一方友朋通幸也。又答王稚川書曰：近日高虛之論，正偷惰之輩竊以自文，安疏放而憚拘檢，若有志者，則不敢也。廣大高明，必由精微，中庸求之，學無內外，無精粗，無言行，事內遺外，固無是學，若靜言而庸違者，安識精粗範圍綱紀，緊君子是賴耳。兄丈以為何如。

三十三年甲寅，先生五十歲

從兄洛泉公是年領歲薦春祁門謝一墩因先生約即來同朝夕砥礪夏末以病同竟不起失一同心良友不禁悵然其文宗之秋杪往新安赴休寧斗山會奉書龍谿有曰去癸丑冬歸久出至家求免應酬多事今春以謝惟仁過敝邑同聚切磋夏月得疾各散矣秋稍希往休寧赴大會吾師與念菴會於匡廬此身憾不飛從於天池五老上也又致書古林沈公畧曰士君子在家在邦不志學誠爲虛浪然志學亦非漫然承當不精不一終無益身心近年學者畧知所向便易自是只因無大志

不肯好學。遂分明見人不是。置身於做惰。畢竟何

學。又曰。令親二郭兄。日新自得。如何。此皆有志力

者。須時相勸勉。彼此有益。地方得一二人。即有人

支撑。鄉無仁賢。則鄉空虛。兄得天資良厚。宜益奮大

力。任此事。與同志切磋。成就得幾個人。亦一生之

事業也。時六邑田畝。多攤脫之害。民病剝膚。適先

生同年。初泉劉公起宗。以南京祠部郎。求守是郡。

先生因致書。備陳其苦。初泉申請兩院。檄諸屬邑

覈田數。履畝丈量。官民均賦。剔除姦弊。民咸賴之。

三十四年乙卯先生五十一歲

二弟少峰公是秋中式時有倭寇餘孽橫行於嚴於嶺莫能攖其鋒過旌之三溪時太平未有城危甚議棄而避先生與筆山崔公涯力止之結寨以待幸無害因致湛泉王公書有曰釋服兩年乃南弔劉晴川西弔楊斛山歸而伏牖下以待盡無復人間事矣不謂倭奴肆暴逬入山谷奔竄無窟微需不堪人心皇皇夙夜處於淵冰天之阨我如不我克古今同患尚賴數年前與東廓龍谿二師及念菴荊川諸君子遊竊聞諸談涸鮒聊以自濡也又答海嶽許公國書曰天下治亂在人人之臧否

在學。誠知自愛。必欲置身於三代間。亦曰無爲其所不爲。無欲其所不欲而已。孟氏不我欺也。官秩崇卑。黜陟。世之常事。不足關心也。

三十五年丙辰先生五十二歲

致太僕巾石呂公書曰去秋倭寇。由歙過旌德。偶幸不過敝邑。因是未敢遠出。稍寧。當負笈趨候。是年請婺源復吾俞公仲立。教諸子。復吾併攜其子來。先生謂學童科條。量材斟酌。不必越望欲速。但使知安於分義。收束其放曠。所願足矣。至文藝優劣。溫習多寡。養定難强。惟高其可也。後戊辰南雍司業。俞已恩貢遊太學。復請在署爲西賓。秋過嶽郡。主紫陽福田會。與介齋心穀二公。相得甚歡。時在會二旬。既歸。復朝言潘公書。曰福田切磋。幾及二旬。深媿鄙劣。無以副賢誠意。區區鄙誠。亦不敢以不盡。自謂無益於賢。實有益於僕矣。嚴鎮再承追送。復得連榻。歸來懷思。未一日少置。復勞使遠顧。授教啟發良多。至謂惕然知念念之皆病。事事之爲非。甚不自安。即此是超凡入聖之機。聖凡之隔。止在知非與不知非耳。今知非不自安。則無事不成就個是知病。不自安則無病之不痊。無念之不良矣。又謂隨時檢點。痛加懲治。而奮向上去。卽此是自強不息工夫。能念念皆天理。便顏孟爲伍。而堯舜爲師也。復何氣質難變之爲患。大凡善求益者。須好問好察。不厭不倦。習靜則默坐澄心。神明對越。開卷潛玩。聖賢酬酢。自見朝異而夕不同處。冬作歙縣新城記成。復歙尹惺堂史公書。有曰福田承千旌枉教傾益推心。至今欽服。又諭春和再過福田。不敢承耳。固所願也。新城之築。一勞永逸。功在不朽。城成紀德。自有名筆。恐人微言陋。何足以承諸公之重也。

三十六年丁巳先生五十三歲

春龍谿主涇縣水西會先生與焉。一時赴會者汪周潭、管南屏、沈古林、王嵩潭、翟震川、汪硯山、包士旂、王濟甫、王汝貞、暨先生從兄洛泉公、姪子德諸人從來水西赴會，惟此最盛。五月初六日龍谿壽六十，在會諸同人屬先生爲文致祝，時赴水西會有不肖在中。外生議論者，先生奉書龍谿，有曰水西之會，千古盛事。凡有人心者，孰不知向知勸，顧其頭目一二造心立意，必爲罔利之謀，責所知厚而不顧，則固所哀慟而不能已已者也。自古治亂皆以君子小人之消長見之。若其會講，則洙泗河汾伊洛關閩鵞湖白鹿等會聚，皆爲道之不行，有志者自相講明，以行於下，豈謂其必盡君子而後學哉。亦謂須皆有求改過之心，而後可與共學也。

是年縣父母易菴程公汝盛，江西浮梁人，進士出身，屢問及治縣之道，先生致書曰：辱明公下問，詞切意懇，是古賢大夫之美。僕何敢自固，上負虛懷。古人之學與政爲一，修於家者施於有政，正心誠意，鍛錬已成，臨政則舉斯心加諸彼而已。後來政與學二，極其善者，亦各就其資性所近而充之，其於中和位育未敢以易言也。夫任父母之職則亦以父母之心推之可矣。若不於誠求加意，縱有稽查之法，宜人之術，提挈振作之方，謂之能吏則可，而於保赤之心，尚隔一層。誠所欲與聚，所惡勿施，則事皆宜民，即不必考核稽查，皆無非提挈振作之方。亦何有威寬之異疑耶？父母保赤，以寬爲本，愛而知勞，又所以成其寬也。威苟非苛，亦不可無。故曰威克厥愛允濟。至於好問則裕，問之非人，害亦不細。好問好察，非有主宰能用中者，亦不可爲大知也。昏迂之見，惟明公自裁擇焉。

三十七年戊午先生五十四歲
寄古林何公維柏書曰某壬子之春往泰和訪晴川公及門則晴川作古人一月矣悵然自喪因遂往關中弔斛山公途中避寒暑歷癸丑之冬乃返乙卯養又出弔師友往返亦數月今則氣衰力憊知此身已不堅矣第自愧沾滯汙穢懼難交還造化耳九月往涇邑赴水西會大方伯此齋魏公十月初三日壽七十石埭宋明府涗湯君有光來水西求先生爲文致祝時講學淪落人情傾陷先生憂之致海陽丁公書曰庚戌冬别倏忽九年辛壬

癸歲東走越。南入楚。西入秦。皆爲師友奔馳。愧不自力。有負知己。每懷海內人豪。惟是十數君子。兄近在鄰郡。尤切惓思。年來三才失職。乖戾殊甚。往時講學者。多尚虛談。今則虛談者亦罕見矣。蘭芷不芳。荃蕙化而爲茅。失其恒心。若將相噬。甚可畏也。天生豪傑。以亨屯傾否。兄等之責也。願力學以俟。若此學不精一。中和未足。未免便有血氣作用。終不協於天心。難語純王之業。知兄磋磨精粹。涵養靜定。微之顯處。不妨愈加入細。如不肖者。尚覺自是處多。愧負如何。

三十八年己未先生五十五歲

春往杭州從龍谿赴天眞會併訪梅林胡公宗憲時外人於梅林不無異言先生歸寄書曰春間未至武林時仰公勳業才名雷轟電掣然而毀譽叅之疑信半焉及至武林則遇雨之吉此心自快乃知豪傑非庸衆所識彼此簸者知徇己見而未以天下爲慮知惑讒忌而未以事體自諒寧知安天下利社稷之大計哉人言止以爲不知己耳不宜爲怨尤雖然不但不以爲怨尤且反以爲砥礪雖人言不中而吾亦有可精義者則亦爲几几益淬

以歸於粹然如何此大丈夫之事業公必不避也

三十九年庚申先生五十六歲

三月二日同從兄洛泉公往西江赴懷玉會遂遊懷玉山山聳峭苦寒三夕隨下次廣信訪近菴桂公榮近菴因出石梁卷乞書其後先生書曰予與斛山晴川二公同繫詔獄既而近菴先生與介石龍山虛江三公同被逮蔣有聯峯義泉二公亦在獄俄而聯峯義泉旬日內相繼病亡予與六君子先後蒙恩釋放今斛山晴川虛江三公作古人久矣存者四人江浙吳楚相去遠甚予茲來信郡訪

桂近菴先生。先生出石梁卷示我。卷末綴昔往來詩帖。讀之愴然。念存歿之情。十六年間恍然一夢圖中石梁之險。今昔過者若干人矣。一切險夷境界皆石梁也。觀斯圖者。其知死生之情。過化之迹乎。又訪市石呂公。市石平日講學。以變化氣質爲先係聖門的傳。先生極敬重之。時海上不靖。催徵若繁。先生致督府見海翁公書。畧云衡山拜惠以來。八年矣。歲月如流。敢不盡誠。儆郡年來凋敝。小民盡觳觫之牛。但無緣得過堂下耳。伏惟軫念。

四十年辛酉先生五十七歲

夏五月。巾石呂公壽七十。先生爲文致祝。時與峴溪孫君書。有云近來講學者。類滋口談。却無身體力行工夫。其去俗人機巧。殆有甚者。亦良可哀也。又云聖如孔子。猶且終日不食。終夜不寢。好古敏求。爲之不厭。今以下愚之資。遂以所聞。妄自揣度職爲學識。此所以白首無成也。又致友人書。論制義取士之弊。畧曰上之造士有其道。取士有其方。近世人才不如古。由於教之不明也。古之教者。教以人倫。今止教以課試之文。雖明倫之說。一日幅紙可以盡之而無難。若古聖賢之大有不能及者。

然一問其躬行則目爲迂士指爲腐儒故躬行之
事師友不以爲談父兄不以爲望雖有桀黠之行
而文齊董賈必取甲科雖有操莽之爲而才及韓
蘇亦居上列甚者奔競成風苞苴用事又有不恃
其業之工否而有得與其間者以斯人而事君治
民如之何而望其忠且愛也又與維慎載君書有
云古人無時無處不講學但不是只作一番空說
話必欲身體而力行之我輩所以不能及也

四十一年壬戌先生五十八歲

九月鄒東廓卒先生聞訃遂約諸門下至嶽廟爲

位哭。既即具祭文。備賻儀寄同人先往致弔、

四十二年癸亥先生五十九歲

春縣父母海陽顧公鎰敦請鄉飲。先生不受。寄姪子德書。命辭之。畧曰。鄉飲大典。非可以私與。以仕而言。必以禮致仕者可與。吾則奉詔爲民。不復可以仕言也。以民言。必有年與德可與。吾之爲民罪也。且年亦未及。往往縣中相招。徇常情云爾。吾亦不深辭。知其徇常情云爾。必欲招之。則近於戲矣。烏乎可。汝其善爲我辭焉。八月建志學書院於宣城。祀陽明公。初緒山龍谿赴水西會。過宣州。先生

與貢受軒沈古林梅宛溪等二百餘人。延至景德寺講學。是年。郡守近溪羅公汝芳。規寺右隙地。建祠祀陽明公。每歲用春秋二仲。上戊日舉祀。今改祀正學書院。中設朱晦菴。王陽明。兩先生神主。以鄒東廓。歐陽南野。王龍溪。錢緒山。羅近溪。耿楚侗。劉初泉。吳疎山。本郡貢受軒。與先生。併梅宛溪。沈古林。戚竹坡。吳句溪。共十。有四人。東西分配焉。十月近溪下縣。觀鄉約之禮。同海陽遊黃山。先生偕焉。遂言黃山峭壁。不毛之區。請蠲科。二公遂詳請均科除之。且定議築立縣城。

四十三年甲子先生六十歲

復古林沈公書曰。屢得教言。皆切身藥石。能自反則能容人。能容人。則能與人爲善。不能容人。只是責人過惡。使非以善養人。且不知時勢。安能處世時閱教言。庶警省惕然。若無所容。平日任情自是。一遇人之難。開口便錯。動念卽乖。專以聖賢望人。以不肖待其身。何謬之甚也。公伯寮非能愬人。臧倉非能沮人。此皆有命焉天焉。聖賢安意承順。可反反之。無可反亦反修之。外此更無事也。信如是。何命之蹇。何天之違。聖賢樂天至命。固如是耳。不怨不尤。下學上達。此家法焉。今而後敢不服膺。惟兄時惠箴砭。幸甚。秋先生同姪子德往杭州。赴天眞會。

四十四年乙丑先生六十一歲

秋往廣德主復初書院會。既又講學於建平。初東廓謫判廣德建復初書院置贍田以延四方來學。有濮君漢施君天爵主其事。遂振不息後二君出宦遊。是會與復無常者二十年。丙辰施濮二君致政歸。大修書院設陽明位歲修祀事。是年督學楚侗耿公定向請先生主其會。先生復書曰。廣德書院實先師東廓肇建義不可不往。況又有嚴諭。何敢後耶。至則鄉先生有施濮二君。居業其中。諸生

來者固駸駸有向矣僕留半月深愛薰陶無以相
長惟以一誠字共相砥礪不誠只是巧言令色令
學者不得力此虞廷所畏孔子所耻不是小病痛
日用間仔細檢點能去得這個便與天地同體鄙
見如是不知高明以爲何如先生既主復初會自
廣德歸過建平邑大夫東華趙公留之敦請講學
將別書同志諸公冊言有曰予承督學楚侗先生
命赴廣德復初之會辱東華君邀諸生綦綦相招
至建平則諸文學先生循循然善誘人也諸士子
彬彬然盡好學也鄉大夫翁翁然相勸勉也東華

君率有僚友先後左右之。融融然善作人也學其興矣乎。臨別諸友持冊進曰。請留一言以爲券。予曰更復何言。其爲物不二。却從何處說來。願諸君惟無貳爾心。庶見天命之性。不然。只是巧言令色不可語學也。有請益者。曰更復何言。予曰天地之道可一言而盡也。其爲物不二。更復何言。

四十五年丙寅先生六十二歲

二月。作廣德復初書院記。書院重修於丙辰。至是十年。未有記。客歲因先生主會。故請記之。五月有巨寇掠縣。晝夜不寧。致書秋演殷公。有曰夏間。拜惠懲筮二三編藥我刀圭。日服不厭。如對良醫何幸。
嗣是敝邑忽遭巨寇數百橫掠山谷民間一空。弟
得新城竊庇。亦晝夜城頭持竿捍禦。不謂深山窮
谷。潛伏亦不能也。四方其孰騁。自是多懼矣。九月
龍谿水西主會。二三日即行。先生送之。遂往武進。
在唐荊川家。留旬日。至宜興。與諸友相約。入南嶽。
南嶽在宜興西南二十里。履庵萬公士和。有別業
在其上。先生愛之。遂止宿焉。作有記。時先生慕荊
谿陽羡之勝。將結舍都山之下。遷居於此。致書元
洲陸公師道有云。今已卜居陽羡。但未結有茅廬。

若得旱遂則往來二洞泛泛震澤聊與漁父輩同其清濁終此餘生是小結束也後力有不逮業未就緒未得如先生之願先生自丁未釋獄至是丙寅家居二十年凡聖誕正旦長至及千秋令節必沐浴齋戒整衣冠設香案望北拜祝聖壽又嘗率鄉人敦行鄉約士習民風翕然丕變是年冬肅皇帝崩廟號世宗

穆宗隆慶元年丁卯先生六十二歲

穆宗即位奉遺詔凡先朝建言諸臣生者錄用死者恤贈正月十二日馳檄至詔先生復除吏科給

事中。二月初九日。陞南京太常寺少卿。未幾報轉北。先生即進京赴任。致譚德之書。有曰茲一出。感聖恩隆重。三月三命。夙夜靜思。無能圖報耳。六月初五日。到任。先二月。奉恩例得請誥命。加贈父西疇公。中憲大夫。南京太常寺少卿。加贈母劉恭人。本身至室。皆。如其官。感激知遇。益以攄忠報稱爲任。自到任立朝。甫四十六日。欽奉聖命。祭東嶽孔林。及海瀆諸神。未行間因時事觸心目。即上疏直陳五事。一曰定君志以修德業。二曰畏天命以消災異。三曰敬大臣以尊師道。四曰擇左右以愼近習。五曰勤朝政。以勅臣工。疏入。內擇左右條。致觸中貴忤旨。外調任山東按察司分巡海右道僉事。駐劄萊州府。時掌科吳公時來。即具疏乞留先生。疏入。留中不報。先生聞吳公有疏。遂早辭朝出京。九月十二日。至山東。二十日涖政。十月十四日。又南京戶科給事中。岑公用賓。具疏。爲先生請復原職。南京河南等道御史。王公嘉賓。亦爲申請。疏入。皆不納。初先生陞太常時。有友人賀曰。公直聲震世。天子久識公。自此超遷。大拜在即也。先生笑。而應曰。不然。予自幼嘗夢在寺中。今陞是職。適與夢符官至此而已。時海右事頗繁，兼鐵官兩月，道路逶遲。毎日皆夜分而寐，雞鳴而起，不得少休。致書次川譚公，有曰：某待罪海邦，見其地荒蕪千里，民逃移者十之七八，目不忍視，極欲經營之，而無所措手。才庸力弱，鞭策不前，雖夙夜不懈，竟無分毫稗心處。自謂陳力就列，不能者止，惟知厚者助之得速歸，真骨肉也。先生在海右，黽勉從事，不敢以老辭勞，晝釐宿弊，猶以興學為兢兢。時潁泉鄒公善為督學，義河李公幼滋為驛傳，相與論學不輟，六郡多士常會於湖南書院，咸彬彬信從無間。又捐俸。大修東萊書院。至兗州。即躬祭孔林聖師。

二年戊辰先生六十四歲

任山東按察司僉事。六月陞南京國子監司業。先

二月。科臣石公星。上圖政理。以慰人心疏。內有廣

聽納一條。乞召先生以延忠直。所陳皆切時事。疏

入。上怒。廷杖削籍。先生見疏。欣異之。即寄與書畧

曰近得邸報。莊誦大疏。不勝驚駭。不謂明時。乃見

此舉。士君子生世。莫不具是浩然之氣。身任宇宙。

但知有義理。不知有此身。直道事人。止知國事爲

分內事。吾君與吾同此心。吾相與吾同此心。吾言

之。必同以爲然。而有不以爲然者。非所知也。今執事言雖不用。吾君則已動心矣。吾相則已動心矣。言固用矣。身雖困而道已亨矣。惟天佑國家。保護忠直之爲慰快耳。先生任兪事時。山東巡撫洪公朝選。謂先生學問師承。直啟宋儒周程之關鑰。操行真固。上希古人啟沃之遺風。直隸巡按顧公廷對。謂先生誠心體道。操持同百鍊之純。抗節建言。丰采重兩朝之望。各具疏懇超資叙用。六月陞南雍司業。時薦舉紛如。先生無心仕宦。聞陞南雍。即以乞休疏。託冢宰虞坡楊公。書曰茲待罪海右。奉職無狀。方且自劾而去。過蒙庇宥。引補南雍。此本清華之職。僕得則非據矣。况又衰老。力不可强。伏惟始終愛之。外具疏稿。容其自乞。倘賜允復。放之田里。感翁陰德無涯矣。虞坡止之。不果上。乃離山東。至南都。八月初三。在徐州聞少師存齋徐公階謝事。代爲心喜。奉書致意。喜存齋之得謝事。亦以傷己之不能乞休也。九月初五日。涖任。時鳳岡姜公寶。爲祭酒。道德聞望。著於朝野。惟御士嚴。先生載色笑。劑燮之。相與同寅協恭。以身敷教。雍人士濟濟彬彬。禮讓之風。藹如也。若應酬日煩。不得時食過勞積倦，而昔年獄中受濕傷脾之疾復作矣。先生自召用不久外調，心切切惟陽明從祀一事，屢上書當事，皆難之。至是致書少傅大洲趙公貞吉曰：本朝學術賴陽明發千年之秘，闡明精一之義，使人曉然知此生之大本，功德浩大，莫可名言。今敬軒、白沙，一時並舉矣，而有方諸公尚於正議有乖，學術不明，人持私見，有巨人主其說，自不淆亂。陽明從祀，自在俟我公而定。又致書少傅石麓李公春芳曰：陽明從祀，此於相業有光無疑。存翁讓之，以待我公也。相公一定，人心定矣。相公與僕

皆非及門者。夫何嫌。相公舉此一端可知海宇歡
騰。響應如雷矣。時致書不一。其殷勤懇至類如此
三年己巳先生六十五歲十月丁巳申時卒
任南京國子監司業五月陞翰林院提督四譯館。
太常寺少卿。時先生教及六館聲望逾重。但脚病
漸深。自覺得有未盡處致書紹興吳公用賓有曰
南雍涖任僅兩月後。即連病五月。已謂不起更何
能事事。遑心拂理。其誰知之。五月復北轉奉常。時
先生二弟少峰公。任浙江遂安令。先生便道從嚴
州。視弟政。遂歸家間六月以誥命事焚黃。祭告先

考妣時太邑丁田以上臺誤派溢額民甚苦之先生特致書督撫念堂林公曰海防事體重大不敢希望減免但太平小縣止十九里山多田少凡寬平之田盡是新安衛屯田其山間狹處磽确處乃是民田故民田止八萬餘畝丁不及萬餘丁依原派每人一丁徵銀三分每田一畝徵銀四厘止數太平縣止該六百餘兩當時本院書算誤執何處丁田之數坐派太平縣遂多七百餘兩本縣當創照算多數申詳本院時見海公亦查誤丁畝云本院已經奏請如何可遽改減該縣且照平米數

通融均派。俟後徐行改正。見海公又以事回。以後各院皆執定議。不復云有誤也。彈丸小邑。正數難堪。乃以書算之誤。竟坐十年。不與改正。其何以堪。今不敢望減免。但得查本等正數定派。亦所甘心。況本縣十九里。消亡三里。別縣之民。買占三里山地有餘。太平甚弱。所當矜恤。今遇公祖。大仁人。大力量。而小邑之誤。不以爲誤。則寃苦無所控訴矣。池郡六邑。共丁、田銀。一千一百八十四兩二錢。太平乃有丁田銀。一千四百三十五兩六錢四分八厘。今額仁明公祖。卽額天也。不覺瑣瀆。伏惟矜察。

時先生在家。人事紛如。勞甚。七月秋深。希勉强至任乞休。乃北行過江。病且劇、轉至白下。遂托操江吳公時來。嵩人馳上乞休疏。內云臣幸不死。尚願耕鑿擊壤。爲太平頌。臣即死。亦當奮志地下。求爲國家鎮地鬼。石麓李公中止之。未上。而先生不知也。疏已行。回家候旨。病愈篤。十月十二日。據病榻命兒姪輩。口授遺囑。治後事。中有一條云。我平生雖要學好。百無一成。許以爲直。直以爲忠。其實傷人忤物多矣。倘有親友要舉鄉賢。萬萬力阻之。子孫更不可干求。違此大不孝也。初先生養疴在碧雲山館。至是十四日。還家正寢。雖病劇。自知不起。然精神正氣如平時。無復少變。十五日。尚致書往來諸友。罔不周悉。且寄書二弟。以盡心供職。終始如一。無負上下之望。但得一令成章。便終身事業可觀。不必其職之崇也。夜猶置酒饌。與兒姪飲。命歌詩。自坐牀席。從而和之。十六日。夜分乃不語。十七日。子姪親友輩咸相視。端正靜坐。申時瞑目而逝。自弘治乙丑。至隆慶己巳。享年六十有五。葬於曹冲先考妣塋墓之側。距城西七里。

附錄

四年庚午

兩臺檄祀府縣鄉賢祠。

六年壬申

議請建祠時撫院陳公道基。按院郭公莊。以先生之德不可忘。特請專祠祀先生。其公移畧云。訥谿周先生。立身行己。一以道誼爲宗。立朝事親。悉以忠孝爲主。不異端而崇正學。不易方。不變塞。聖賢是師。袪俗尚而秉性真。不愧影。不愧衾。天地可對。生爲士君子。望有重於斗山。歿爲鄉先生。義當存於俎豆。嘗稽先輩。負出衆之行者。特建專祠。本院近考先生行實。實切師承。相應請建祠宇。以示表異。其地欲深而廣。祠欲高而美。工欲堅而久。庶先生之名。因之以垂永永。嗣是有能與思齊。象世德者。皆於茲祠乎歷之。遂倡建正學純忠祠。

神宗萬曆元年癸酉

定建祠址。是年刊刻奏疏併文集二十七卷。左司寇洪公朝選首序。有曰公既歿。其弟少峰君裒其集若干卷。予讀之。其文本於義理。其詩出於性情。其尺牘諄諄與人爲善。其雜錄種種歸於名教。而任道之重。求道之切。則隨在觸機而發。若無須臾可離者。始信知公之不謬也。因序其首。告於有識之士。庶知公之生平。非止於忠義者。而吾黨之士之欲為忠義者。不可安於一節一行。而當取法於公也。十一月左宗伯萬公士和。撰墓表。亦曰。迺公之始終。未嘗不講學。而不脫畧於片言細行之微。未嘗不力行。而直通徹於高明光大之表。其以忠諫顯名於世。偶任一職。不得不然。非公之心也。乃公之心。則欲君臣一德。天下同風。世有良臣而無忠臣。太和元氣。盎然在宇宙間而已。噫嘻。此為得公之心否也。十二月。憲檄太平府司理劉公垓。勘

定祠址。先是先生讀書在縣署之西。曰碧雲山房
劉公至。以是爲先生發軔之地。即於是定祠址焉。

二年甲戌

祠宇興工。正月撫院張公佳胤。按院朱公文科。委
官擇日興工。攢造祠宇。二月大司成姜公寶撰墓
志銘。銘曰諫官司業。千載二人。德器惟公。邁於等
倫。生前直言。未爲盡分。鎮地之志。死猶欲奮。陽明
法門。知行同條。知者過之。無實而高。公淑諸人。究
其遺旨。見之躬行。慥慥君子。有道諍臣。自古稱賢
其在於今。孰居公先。一念忠誠。天壤同久。曹冲之

原。雖埋不朽。三月大叅梅公守德。爲先生作傳。有
曰公既歿。其友人僉相與議節名壹惠。公位不逮。
弗得請於上。按謚法危身奉上曰忠。一德不懈曰
簡。二者公其有焉。因私謚曰忠簡。

五年丁丑

祠宇落成。自甲戌興工。至是有四年。冬十月告竣。
凡所創規模。皆從兩院須定畫圖示下。照式創建。
其捐俸助工者。撫院陳公道基。張公佳胤。按院朱
公文科。鮑公希顏。向公程。學院謝公廷傑。郭公莊。
知府王公嘉賓。陳公俊。同知李公可久。知縣張公

廷榜等。共輸千餘金。

十七年己丑

定春秋祠祀。按院喬公璧星移文有曰。訥谿周先生。素講聖賢之學。夙懷忠義之心。志在匡君。雖瀕死而不悔。守嚴潔已。即屢空而不辭。丰采著於當年。清白貽於後嗣。大業未竟。齎志以歿。廟貌雖新。俎豆尚缺。非所以勸忠而勵後者。爲此特請。每歲春秋二仲月上戊日。動支編銀備物致祭。掌印官親詣行禮。永著爲例。

三十六年戊申

臺臣請謚。三月初一日都御史詹公沂具疏請謚

畧曰周某生而端方正直力貧苦攻爲諸生時即

以孝聞潛心聖賢之學。由理官擢吏科給事中。遇

事敢言。因抗疏大臣不和。重劾嚴嵩遂詔獄廷杖。

折其左足。瀕死乃甦前後繫獄五年。在獄時惟以

母老。不及永訣爲念。赦歸。獲侍十三日而母亡。無

亦忠孝之所感耶。廬墓三年。不入闤闠服闋。下帷

發明聖道。以淑後學。至今六邑彬彬。猶有鄒魯之

風。皆周某之功。其真心直節。可泣鬼神。而動天地

故雖百折而不回。九死而不悔。困若備嘗身全名

立。豈非天以完節。默相之使然耶。臣之同郡。有某
孤忠。年遠人亡。幾於湮沒。用是備述遺行。伏冀勅
下該部。從公咨訪。特賜謚稱。不惟闡幽光於既沒。
亦足作忠義於後來矣。是年七月侍御黃公吉士。
亦以謚請。時督部游公應乾。侍講顧公天峻。中允
湯公賓尹。郎中胡公國鑑。翟公師訓。何公琪枝。翟
公廷健。主事游公漢龍。程公寰。吏科溫公憲祥。工
科何公士晋。侍御管公橘。尚寶吳公默。太常邵公
庶。各有咨議。

四十五年丁巳

正月禮部覆奏。勅下翰林院撰擬謚號。

熹宗天啟元年辛酉

二月右司寇鄒公元標。作先生傳贊。有曰忠孝大節也。而曲盡爲難。何者。捐軀事君。忠也。未能柔。陳情終養。孝也。未必忠。恕而求之。君子。第謂之一節今詡谿周公。秉天植之懿。嗜學弗倦。詢訪師友。明道於誠。而一誠所通。故以之事親則孝。以之事君則忠。而且格及神明。全君臣父子之親義。誠之至也。嗚呼。公其何人者耶。君子哉其人耶。其臨大節而不可奪耶。至於奸邪竊弄。百險叢身。視顛沛生死若固然。而毫弗干志踰節者。則又不必論矣。嗚呼。試以公之品槪。公之學識。質之尼山之前。亦必以君子稱也。又何疑焉。

二年壬戌

二月。詔下賜諡恭節。以先生兩朝所奏。惓惓望其法古帝王。修德親賢。敬天勤民。皆其所難。且志切愛君。歷久而此心不變。忠期效悃。屢挫而至性彌堅。按諡法責難於君曰恭。能固所守曰節。遂易名恭節。

七年丁卯

錫蔭令祀。學院賈公繼春。議請世蔭奉祀生一名。
以昭盛典。用慰忠魂。甲申後。仰逢
本朝作忠教孝。加惠先臣。祠祀世蔭。俱准仍舊。
寵命欽承。貞靈不昧。傳之萬世。永沐
天恩生。其後者。烏乎敢忘哉。竭忠盡瘁。與有榮施。故
爲敬錄於年譜之後。以誌不朽云。

乾隆元年歲次丙辰　後裔家相督刊

（明）趙士喆撰

毛文龍孔有德列傳

一卷

東萊趙氏楹書叢刊·逸史三傳本

東江遺事卷下

毛文龍孔有德列傳

毛文龍者浙人也其先山西太平人自其父以行賈占籍錢塘生文龍文龍生而權譎多智嘗夢登浮屠至其巔有巨靈擊而踣之自卜當貴然貧甚不能事家人生產粗通文墨習弓馬爲水兵隊長無所知名久之棄去游塞上時奴酋發難遼左經略鎬四路出師皆潰敗徵兵募士天下騷然文龍扼腕怏怏思有以自見人以其落魄無行莫之奇也天啓元年辛酉春奴陷遼陽朝廷震恐詔起原任經略熊廷弼以兵部尚書駐山海擢寧前道王化貞巡撫遼東駐廣寧是時文龍以材官居化貞幕府

化貞見其開敏甚愛重之嘗使入朝鮮市弓矢覘奴虛實而佟養性以奴酋同族叛降虜使其子松年守鎮江城鎮江城者在遼陽東南可三百里南接鐵山諸島東鄰鴨綠以通朝鮮北控寬奠靉陽出撫順抵奴老寨西南則聯金復趨旅順繇皇城島以抵登萊繇雙島抵三岔以及山海自己未冬周永春爲巡撫時嘗疏請增兵守鎮江護朝鮮貢道蓋鎮江爲東南要害而城卑兵寡文龍往來東南熟其地利知可取請於化貞願得一旅建奇功化貞許之文龍將其兵繇海道夜襲鎮江至城下舉砲大呼曰山海廣寧大兵至所誅止佟氏父子居民先降者有賞拒命者同賊滅門居人不知衆寡遂開門納官軍入縛松年獻之廣寧且請化貞速率師渡河出不虞遼陽可復化貞猶豫請命經臣遂不果第以鎮江之捷聞之朝廷朝廷大喜下松年法司論如律累進文龍副總兵益其兵食俾文龍聯屬朝鮮招遺民於鐵山諸島給牛種進屯堡砦因以躡奴爲牽制文龍一時名滿中外稱奇功而廷弼弗之善也當是時撫臣主戰經臣主守以是不和廷弼疏中嘗稱文龍功涉倖成不足恃且僨淺小

人未宜過寵化貞具疏辯之詞相譏切釁日深化貞每欲以恩信懷虎墩兔而以大義激朝鮮合全力大舉勦奴廷弼以爲時未可朝議多右王左熊熊心益恨忌其成凡兵機調度無不與化貞水火而化貞故寬博長者長於拊循短於駕馭屢疏進勦卒不果奴酋諜知經撫不和狀又熟揣文龍無能爲遂大兵渡三岔島直薄廣寧廣寧兵禦之河上總兵劉渠敗死師大潰化貞方謀城守計廣寧參將孫得功者素與奴通輒帥衆鼓譟應奴化貞倉皇棄城走廷弼駐寧前聞廣寧陷與化貞俱走入關當是時文龍躑躅東江既不敢疾趨三岔爲犄角又不能出寬奠擣老寨以制奴兵第以赴難後時解朝廷明知其觀望以鞭長弗及不深督也廷弼化貞逮下獄紛紛相詰廷議以二人同失封疆俱當斬都人士靡不恨廷弼而憐化貞文龍則上疏自稱被化貞國士之遇願悉力破賊以其官爵贖化貞如唐哥舒翰郭子儀故事化貞亦日夜望其功成而文龍實無遠略唯遣其心腹健兒竊伏奴小寨旁伺其零騎及耕佃夷民之婦孺掩捕以歸衣以綺繡假稱擒馘自海道獻之恣爲譸張莫可窮

詰朝廷亦知其非實屢加爵賞用示鼓舞數歲之中其官至光祿大夫左督都佩平遼將軍印便宜行事其部曲將校自參游守把都指揮等出其題授者凡數百千人其改姓爲毛者以十數孔有德耿仲明等皆在其中南北營兵及所招來遼男婦散處各島者數十萬所剋餉金不可較其參貂珍寶値數十萬金日取遼民子女爲姬妾教之歌舞不以女獻者戮之文龍有弟曰雲龍居島中頗不善文龍行事文龍忌之疏稱雲龍性狂易恐亂軍心朝廷爲徙之內地而文龍益驕誅殺任情其氣焰擬於王者日事沈酣國家不得其半臂力諸臺省久憤不平始上疏有所譏諷文龍聞之則大怒每朔望會其將校談兵事則大罵臺省諸臣其將校素習跋扈又諂事文龍亦相與嗔目扼腕謂何物措大不知死乃敢妄議我將軍我將軍將一旦入朝磔措大猶腐鼠耳文龍既挾奴以要朝廷又挾朝廷以鈐制屬國自遼陽覆沒朝鮮貢使繇平島假道登萊所以貽文龍者甚厚而朝鮮王暉有兒子倧爲日本壻以日本兵突入王京奪暉位假其太妃令下議政府移文文龍乞代嗣王請册命大略謂故

王荒淫無道播虐臣民又陪通奴欲縛文龍以與之議者謂文龍素垂涎朝鮮故誘倧爭國冀乘亂可以得志不意倧來而事大定故無隙可乘然懸隔海外其委曲不能明也文龍既爲倧請命於朝而閹忠賢方柄政銳意功名遣其黨胡良輔等率兵渡海至平島與文龍併力因宣諭朝鮮徵其國兵圖恢復文龍見閹焰甚熾亦欲倚以取茅土於島中繪閹像朝夕奉之俄而哲皇帝崩忠賢敗海外閹黨皆撤回臺省諸臣屢疏彈文龍朝廷僉知其姦狀然無可奈何崇禎元年袁崇煥復任督師過關下閣臣錢龍錫頗謂文龍有尾大憂崇煥出關則以圖文龍爲事奏請朝鮮貢使勿道登萊道山海又請得給發島餉自是島中稍稍知督師令矣登州道王廷試者素爲文龍侮遂爲蜚語言文龍欲窺伺登萊及淮海崇煥信之使使告文龍自海道會於雙島議兵事因大犒各島諸軍至日文龍以親丁數百人往崇煥伏壯士與文龍驩飲因令其麾下飯親丁於他所酒數行崇煥正色責文龍跋扈無狀罪當死壯士卽席捽斬之以白牌諭其親丁丁皆恐懼稽顙遂大犒島中島中將卒數萬人憚崇

煥竟無敢譁時己巳春三月也崇煥既撫定島兵乃上疏自劾矯制且論文龍大罪十餘條其中不無吹索唯所指養寇冒功剋商盜餉漁色媚閹在人耳目不容掩又所言文龍自稱牧馬登州取南京如反掌者其語出廷試之譯未可憑然文龍睥睨東方非一日嘗乘樓船至廟島沿海諸郡實有戒心聞文龍死無人不加額稱快是歲冬虜薄京師朝廷疑崇煥觀望不戰有異心捕下司寇中貴人素善文龍者謂崇煥通奴賣國斬大帥自撤籬藩遂磔崇煥并逮閣臣錢龍錫御史毛九華下獄已而釋之草野之士咸以爲崇煥不戰罪當死而坐以賣國則寃至謂文龍能爲國藩籬偏黨之言尤不可以欺天下私相嘆咤無敢以告於當道者崇煥既死不再歲而文龍之黨孔有德等反於山東

孔有德者遼人也少遭亂流離入島與文龍猶子毛承祿者相厚善當是時李九成耿仲明陳有時等在島中俱事文龍李本胡種驍勇善戰軍中號曰三大王而有德便辟多智善言語頗類文龍文龍嬖之以爲親將改姓毛天啓中嘗繇海道至登州

又嘗爲文龍抵奴案甚見任使習睹文龍行事跋扈飛揚不知有朝廷久矣文龍既斬廷議欲散遣其衆乃調有德等至山海事寧前道孫元化崇禎三年庚午秋元化擢登萊巡撫孔有德等因從至登州有德既善事上官而耿仲明饒於財所以奉元化者無不備故元化最暱此二人遂諸生知有德素不軌者詣元化言有德不可大用元化輒怫然曰本院軍務書生輩何得妄言且諸生謂有德不可用何不取素所相厚者薦之諸生皆惶恐趨出自是有德等益縱無所顧忌遂兵憑勢凌虐士民士民短氣推官陳楫執法抗之四年夏有詔調登鎮遼兵援山海孔有德率其衆數百人過萊萊州知府朱萬年設牛酒犒之甚厚有德悅戢其衆無所擾既過青州道濟北所供億不能如萊有德兵亦強占店舍奪酒食與士民鬨有司者告其將領將領朴之兵大憤比至吳橋李九成遂與衆刼有德叛而東歸趨登州就其黨也督撫余大成者佞佛長齊又與元化相友善元化以書遣大成謂此軍激變無他心大成信之不發鋒營兵擊賊賊入青城遂攻新城新城令秦與故兵部尚書王氏家人謀禦

賊弗克賊入城殺戮甚酷盡略其寶貨婦女而東當是時賊衆不滿千又多輜重不敢道青州自張門口渡洰洱以過萊萊副將張其功請夜擊之衆不可是爲十二月旣望而大成方留滯青州至五年正月初大成乃率鋒營兵抵萊則登已陷矣初賊之趨登也登人詣元化問戰守計元化氣塞不能語第曰不必恐料應無妨而日催遼人居城外者移城中城中士民逃者弗禁時海上總兵張可大以病告歸旣得旨候代宋光蘭爲登州道迂懦無謀賊至薄城城上發火炮擊之賊退走屯於南山而元化催兵出戰兵皆遼人甫接戰叛與賊合城中震恐耿中明及遼人之在內者翻城應之賊入軍門見元化猶爲下拜遂陷水城張可大死之賊旣據登殺戮淫虐不可道而迫其鄉紳某貽書萊城其略曰李孔二將自吳橋激變返旆而東接防院手書許招撫二將遂仰天泣下誓衆封刃其所過秋毫無犯旣至登登人弗納又欲害城內遼人故激變失城今川浙水兵俱爲所得紅夷大砲俱爲所得而二將懇望招撫況海內多事使過之條正宜亟講倘俾之出海勦奴以登郡還國家以立功報皇

上未爲不可自非然者二東數百萬之生靈雖不足惜朝廷三百年之社稷寶爲可憂書至萊萊人無不髮上指冠而知府朱自賊未過萊卽日夜率士紳講城守計又嚴禁逋逃峙芻糧造大砲置壘石修窩鋪無不井井萊人始賴有固志朝廷聞賊陷登擢故總兵楊肇基之子御蕃以督都僉事署總兵統攝山東諸將議征勦以總兵王洪率榆林兵爲策應監視內臣呂亦遣其左右中軍與二將至萊則賊已陷黃矣時武德道徐從治監軍征勦俄有旨代大成巡撫而謝璉爲登萊防院俱至萊萊人士素不經亂見客兵之擾則日夜望其東征時大成得代去萊諄諄戒其兵寡勿輕進萊人士惡其爲人莫之信也二將以正月下旬北至新城與賊遇甫接刃王洪走楊以孤立不能支率其衆夜遁還萊賊踵至聲言縛獻鄉紳某卽退兵城中弗應遂圍城四面環攻火照城中如白日呼噪震天城上人嘿然無聲第四面竭力禦之兩日夜兵與賊死傷相當賊乃退時二月初三四也當是時知縣洪恩炤同徐督撫駐西門朱知府署海右道帥萊營將士駐南門同知寇化同謝防院駐東門通判任棟

駐北門鄉紳衛弁分駐角樓兩庠生戎服登陴雜於行伍每管十垛諸内臣牌把往來巡察晝夜不休賊知萊不可驟圖遂分兵攻平度陷之復攻西門及東北以紅夷砲擊城堞城堞如掃楊將軍拔劍登陴以死自誓朱知府撤扉植栅以爲蔽衆心稍安徐督撫聞登將彭有謀頗饒將略而與有德不相能時泊城北小石島即縋使飛檄招之彭率其川兵三百間道趨萊入南門萊人歡噪兩軍門深加拊慰即命駐東北角樓而樓下已爲賊空空實以大砲彭至之次夜以藥線發之聲若崩山樓側連延數十丈無寸堞矣彭恐賊乘危親率川兵以槍砲萬人敵擊之賊蟻附者死甚多乃不敢逼萊人爲加額相賀謂彭晚至數日樓崩時城必不守自是楊專守西南彭專守東北又築月城爲持久計萊人始稍稍有生氣焉自賊初圍告急之使以十數皆無回報每出南門與賊搏戰所斬獲僅五七級而我兵之傷者近百收兵則鼓吹城頭以勝示賊賊亦憚我兵屢出故不敢長驅西下朝廷聞萊圍急命劉宇烈爲督師救萊時鄧玘所將川兵劉國柱所將眞保兵及王洪潰兵各數千人次於沙河四

月初塘報入城人人踴躍西望引領十餘日漸以寂然十六日徐撫爲飛砲所殞明日有潰卒入城言援兵與賊戰勝負相當賊以輕騎繞出我後焚糧車大營無糧議暫退而王復以西走鄧玘殿川兵之死者甚慘皆謂洪受賊金故賣陣其中有不可知者時城中斗粟數金鹽薪尤缺鄉紳之捐助窮而貸銀派糴之議起是役也不足難巨室窶人子亦無所與唯中家以上及門高而財匱者爲最苦云賊既得志謀西侵游兵渡濰宇烈恐乃遣新選萊州推官屈宜揚者入賊中議撫孔有德雅意欲撫李九成等皆不悅久之議定宜揚狀白防院謝謝見救兵弗前軍民困甚議許之宜揚入見自稱有旨請知府出城開讀既讀旨成禮請防院出城撫納孔有德等見防撫於城南稽顙服罪謝降顏以接之詰朝請拜辭囘登萊人士及楊彭二將覺其不可皆勸勿出謝不聽與知府朱兩内臣出南門語未畢賊突前曰請公至登遂執謝及兩内臣以去朱知府駡賊死之闔城震恐賴二將登陴彈壓幸得無虞時七月初七日也初有德圍萊留仲明守登仲明好沾沾市義又自以受元化恩二月中用海

舟送元化光蘭至天津登岸遂至京師時當路者欲全元化故依違勦撫久不決撫敗報聞天子震怒取元化腰斬以狥逮宇烈議罪以朱大典爲巡撫以御史謝三賓監軍令內臣高起潛發關寧諸將吳襄祖大弼等率其精甲胡騎以救萊八月既望抵昌邑時陳洪範鄧玘等兵駐膠水上劉澤清駐平度州皆觀望弗前唯關寧兵素善戰高復以滅賊自期十八日發兵渡膠水明日與賊遇一戰敗之日晏抵萊州城下賊奔走萊人不意爲救兵猶發砲擊之昏夜高使一宦者入城始得其實軍民老幼歡噪如雷翼日洪範澤清等兵以漸至時乘勝追襲賊可立殲而諸軍告疲弗能強也軍駐十日始啓行賊悉其衆陣於黃縣之西以待戰關寧兵以胡騎爲前鋒賊殊死鬭戰方酣官軍自南山繞出賊後奮擊大呼賊驚顧胡騎乘之賊乃大潰積尸若丘山焉賊走入登官軍亦追至城下賊窘迫乃紿我曰幸緩攻願自縛渠魁請死既旬日則所治具甚堅不可攻矣登素饒火器賊以大砲擊我師死傷甚衆十月以後天漸寒諸軍露宿苦不可支青濟之氓飛輓纍纍每束芻至大營交納費可百錢

遺黎之骨血枯矣賊在圍中亦乏食日取婦人及嬰兒啖之婦人或生割其肉食少艾不食老醜癸酉春賊以大船運寶貨婦女於島中謀出海當事諸臣明知將遁而不能禁二月初賊去可十分之七乃於十二日攻大城得之賊走水城我兵攻水城賊爭舟相殺數十百人不得去者遂死鬬我兵之傷者甚衆賊自揣必死爭刃婦女投寶貨海中據蓬萊閣不肯下我兵亦莫之敢攖監視內臣高起潛以上賜龍旗招之誓不殺害賊乃降凡四百餘人分隸關東諸將皆不死兩城既定以恢復聞詔班師四月師還文武將吏各論功陞賞有差量免被兵者本年租稅比歲以來所糜大司農金錢以巨萬計山東六郡所協濟費不可訾僅結殘局而有德等竟弗能獲也初有德之叛衆不滿千既陷登城併其兵戰於新城可二三萬迨其後招來島衆及登萊僑寓遼民合之以脅從鹵略可十萬人賊黨之僞授官者以十數其渠魁爲李九成毛承祿耿仲明陳有時有德九成俱稱替天行道都元帥九成性悍愚嗜殺有德頗能用智御其下兵機調度實有德尸之然以齒故推九成爲長官軍嘗獲其僞

劉文移平列李孔稱年月不稱正朔所刻僞篆效將軍印爲柳葉文承祿本文龍猶子李孔輩以父行事之不用事耿仲明專守登州賊圍萊時總兵吳安國以水兵襲登州弗克有時以壬申三月自海外來攻萊陽爲萊陽所敗七月攻平度州中砲死九成在登城率衆突圍爲夷丁所刃賊自是不敢突圍承祿至北岸爲官兵追執其項上懸一錦囊發之皆文龍誥命自稱欲降且功臣後乞免死衆皆笑之旣至京師論如律唯仲明有德以餘黨數百千人抵北岸盡以其寶貨婦女獻之奴酋秋七月賊導奴酋寇旅順總兵黃龍率衆固守力屈城陷龍死之酋入空城計得不償失賊又欲以奴航海犯登萊島中副將沈世魁遣人詗隙焚其船殆盡賊謀破奴志亦衰甲戌以還流賊日熾自山陜河南以及湖廣凡數枝枝數萬人號百萬攻陷潁州及鳳陽南蹂襄鄧東偪開封官兵觀望不肯擊朝廷聞其焚皇陵震怒大發各邊兵討之高起潛及祖氏精甲鄧玘川兵皆在行雖有斬獲以衆寡不敵弗能定劉澤淸率曹濮之衆阻黃河以護山東當是時朝野以流賊爲憂絶不聞孔賊音耗或傳奴插

寇山西實有德導之或傳其借奴酋兵侵朝鮮朝鮮大困蓋自黃龍之死海外無大將久矣九年夏詔陳洪範以遼兵渡海統旅順及島中兵聯絡朝鮮圖恢復道出登萊登萊恐訛言藉藉洪範聞之戒其衆勿擾居民既至登城賴防院楊文岳副使黃孫茂竭力彌縫輒出海東土乃安然遼人過萊州城下往往於頹垣廢井中掘得金銀蓋此降輩卽水城降者覓其攻萊時自瘞之物萊人見者無不切齒腐心而莫敢呵亡何奴插連兵陷昌平遂入薄都門伎畿甸遠邇震驚海外有難民歸自奴巢言奴將入寇衣黃衣大赦境內以耿二漢爲並肩王孔有德尙可喜俱爲護駕大將軍尙亦遼人有拳勇爲島中參將與其儕偶相構叛降虜耿二漢卽仲明也

逸史氏曰文龍以鷹犬小才寵極而驕自取夷滅餘孽弗悛伺釁狂逞遂致滔天語有之其父報讎者其子行刧蓋所由來非一日矣關寧兵巧於解圍拙於討叛致二賊遊魂海外爲奴嚆矢東土之子虓虓震隣未雨綢繆當事者安得無長慮乎

逸史三傳終

（清）黃彭年撰

明范文忠公畫像宦蹟圖題詞 一卷

陶樓雜箸本

明范文忠公畫象宦蹟圖題詞

乙丑秋中隨庵校刊

明范文忠公畫像宦蹟圖題詞

陶樓雜著之

公裔孫介吳棠湖孝廉潯源齎此册來爲圖二十有四冠以畫像合肥李相國鴻章爲贊册後舊有喬白田萊跋近張孝達學士之洞爲題記考核精審彭年覆校稍有異同標識各圖使便觀覽

第一張定與今定次序有殊者仍張記題讀書一依原序而附記之不敢遽易

書別墅王孫錫年譜萬歷二十六年讀書

先祖宏仁公別墅案公以萬歷十五年十
月十三日午時生是年十二歲文集仁元
公行述云府君日夜督課一鐙熒熒每達
丙夜
第二張題登第釋褐年譜萬歷四十一年
公二十歲中會試三百二十九名廷試三
甲八十五名兵部觀政是年與鹿忠節周
忠介定交楊忠愍墓下以古名臣相期許

第三　張題東昌司李年譜四十一年除山東東昌府推官張記獨坐小亭供石於几茶具駢列引年譜及詩文集公癖石嗜茶屢見篇詠今案年譜公在推官顏其署曰餐冰集中餐冰詩屢見几上所供疑寫此意非石也時有以金爵置茗簍相餉者毋馬宜人命另函璧歸見文集　明史本傳以名節自勵苞苴無敢及其門

第四　張引年譜本傳題粥廠賑飢與喬跋同案年譜萬歷四十三年東昌歲飢集中乙卯十九首是也又有丁巳再飢四首末云開庚仍分鏹也知數發棠是不止一賑矣

第五　張據喬跋題東觀海市引贈登州司理白華池詩爲證因詩中有捲簾看蜃市句也案圖中有從官兩岸雉堞分明山下

舟帆不類海舶頗似燕子磯風景集中有登燕子磯詩疑是在南京時事此幅今定當在十九

第六　張題分挍得士引年譜喬跋定爲萬歷四十六年江南分考此幅今定當在第五

第七　張引年譜題請告拜疏是崇禎四年事喬跋題上疏亟諫則崇禎十一年事也今從喬跋此幅張定第十五今定二十三

第八　張據年譜定爲天啟三年赴雲省親

第九　喬題先生歸不言所自張據年譜文集定爲天啟三年自湖北歸（此幅張定在第十五今定仍第九）

第十　張據本傳年譜喬跋定爲崇禎二年官太常少卿時方澤贊祼（此幅張定第十一今定當在十二）

第十一　張據本傳年譜定爲忤璫罷朝在天啟五年（此幅張定第十今定仍第十一）

第十二　張據喬跋題南樞上官事在崇禎八年案集中有閱江詩圖以紀事不必以上官爲榮也此幅張定在第十八今同

第十三　張定爲崇禎八年援廬奏捷存疑此幅張定第二十今定仍十三

第十四　張據本傳年譜定爲崇禎二年豫師護陵此幅張定第十三今定在十四

第十五　張據喬跋題蒞任辟邪喬跋未詳

何任張疑是任河南巡撫否則署東昌知府時案圖中冠無金邊明制四品以下燕弁也從吏皆皁帽定是署東昌府時事無疑（此幅張定第十二今定在第十六）

第十六　張據本傳喬跋定爲崇禎十年在南樞時遣兵入衛（此幅張定在二十二今同）

第十七　張據本傳扼滁陽語題援滁拒寇案年譜崇禎八年二月流寇告急策禦有

方賊畏威遠遁明史莊烈帝本紀八年正月張獻忠陷潁州鳳陽焚皇陵徐州援兵至獻忠犯廬州二月陷潛山太湖又本紀八年十二月賊犯江北圍滁州犯廬者獻忠犯滁者李自成也以年譜及傳中屢遣兵戍池河浦口援廬州扼滁陽語證之不專指援滁圖中列炬對烽火拱手象尊皇陵當是援廬事也此幅張定在二十一今定當在二十

第十八　張據年譜文集定爲天啟四年瀾園閒居此幅張定第九今定當在第十

第十九　年譜崇禎五年丁外艱六年顏其居曰思仁張題居憂廬墓此幅張定在第十六今同

第二十　張據年譜定爲南臺主計崇禎七年事此幅張定在第十七今同

第二十一　張據本傳定爲崇禎三年練兵鎮通案集中有出鎮稿最詳此幅張定十四今定當在

十五

第二十二　張據本傳定爲浦口屯戍案南樞稿有置艦練兵及調水師之語登雨花臺聞警詩極目煙塵起之句皆與圖中時事合此幅張定在十九今定當在二十一

第二十三　喬跋不能辨張記據豐潤張繩菴侍講說引年譜詩集定爲崇禎十二年去國辭陵今案集中謁嶽有禱詩有鑒在

人天應不遠齡惟父子可相分之句蓋爲父病禱也辭陵禱嶽一忠一孝皆關大節然據圖中山勢於越觀爲近山門亦不類陵寢規制崇禎四年公在通鎮聞仁元公病告歸侍疾恐未能至嶽當是天啟三年仁元公倅湖州病肺公星馳往省途經嶽下故有坐騎從者負行囊若辭陵後則尚僑寓南京未行也此幅今定在第八

第二十四 張題幅巾歸田據年譜定爲崇禎十四年事

右圖二十四至南樞罷歸止其復起司空年譜十五年召復原官道入綸扉十七年中遷刑部尚書尋改工部以二月以工部尚書兼三月十九日都城陷公東閣大學士殉節縊於朝房吏解之旋草疏賦詩遙拜闕墓赴演象所井死年五十有八明宏光諡文貞國朝順治九年賜諡文忠當時未圖後亦未增補喬跋缺河南勤王一葉存二十三葉今圖實二十四葉

蓋喬觀圖時偶未見耳張記公疏草公牘書簡雜錄尚存二十餘通分標三卷一藏畿輔先哲祠一藏張孝達家一歸范氏吳棠湖又言尚有血檄是嚙指書召勤王者惜未得見也

此圖筆意精妙簽題葉向榮畫改向榮不見畫傳而別下齋墨識有名所製有文嵩友墨隸書四字下刻葉向榮珍藏有向榮

小印一面牡丹雙鳳旁刻萬歷丙辰年造
有楷書大千氏三字當是向榮字大千棠
湖言吳橋有藏葉向榮畫卷字欣然萬歷
時人亦與文忠時代相合張記斷爲葉欣
但欣字榮木不字向榮康熙末年猶存並
識以資攷證
光緒七年五月廿五日後學黃彭年識
予曩題范冊時記曾見葉向榮名字攷之

不詳既題而歸諸范氏九年矣今以吳中久雨浙水下注災象將成檢閱救荒諸書見魏叔子集中救荒策嚴閉糴條有曰昔葉令公處之極善注令公名向榮金華人因命子國瑄檢浙江通志向榮字鍾日萬歷戊午舉人爲甯陽令鬻家產築頹圮城垣修朽窳軍器癸未闖賊壓境聞戒嚴而去甲申殲賊於烏羊坑臺以治行第一移

吉安丞歸明亡衣冠北向再拜投項村之崖而死乃知向榮亦忠臣也以忠筆而寫忠蹟尤爲可貴別下齋所識棠湖所言時代與此亦合當是一人大千欣然疑皆向榮別字葢向榮大節昭著不以一藝見長故畫傳不著錄耳他日當屬棠湖再攜范冊補錄於後時光緒十五年九月十二日

彭年再記於吳閶使廨

近年西亭致吳閒庚寅

拜海波後時光緒十五年六月十二日

故讀碑不落錄耳俟日當滿案頭再讀記

蔡別字諸向來大篆照舊不以一隸見長

尤適此求合當是一人大手所祭器旨向

始讀七碑可貴則下齋師讀堂東湖所言時

甚而死乃知向來未忠臣道以忠筆而寫

吉金類纂明白衣冠北向再拜投道古之